职业院校铁路专业特色系列教材

机车机械技术应用

JICHE JIXIE JISHU YINGYONG

主　编／刘　浩　韩向东
副主编／史仁成

西南交通大学出版社
·成都·

内容提要

本教材根据我国铁路机务生产一线实际应用的机械技术要求，编写内容包括铁道机车车辆专业学生必须掌握的机车机械技术应用知识，适合我国高职院校铁道机车车辆专业使用。书中选取了生产中应用的实际问题，以实际应用为主线，着重阐述了有关内燃机车和电力机车零部件的承载能力、联接、传动、配合、机械加工及相关工具使用等问题的解决方案。

图书在版编目（CIP）数据

机车机械技术应用 / 刘浩，韩向东主编. —成都：西南交通大学出版社，2013.7（2020.3 重印）
职业院校铁路专业特色系列教材
ISBN 978-7-5643-2430-8

Ⅰ.①机… Ⅱ.①刘… ②韩… Ⅲ.①机车－机械学－高等职业教育－教材 Ⅳ.①U260.1

中国版本图书馆 CIP 数据核字（2013）第 152901 号

职业院校铁路专业特色系列教材

机车机械技术应用

主编　刘　浩　韩向东

*

责任编辑　张华敏
特邀编辑　蒋雨杉　唐建明
封面设计　墨创文化

西南交通大学出版社出版发行
四川省成都市二环路北一段 111 号西南交通大学创新大厦 21 楼
邮政编码：610031　发行部电话：028-87600564
http://www.xnjdcbs.com

成都勤德印务有限公司印刷

*

成品尺寸：185 mm×260 mm　　印张：9
字数：235 千字
2013 年 7 月第 1 版　　2020 年 3 月第 4 次印刷
ISBN 978-7-5643-2430-8
定价：25.00 元

图书如有印装质量问题　本社负责退换
版权所有　盗版必究　举报电话：028-87600562

前　言

　　近年来，我国铁路事业的高速发展，对高端技能型人才的需求也日益增加。而随着我国职业教育的不断发展，高职院校铁路专业的人才培养也针对这种人才需求，不断的改革、完善。本教材改变以往学科型教材的模式，根据我国铁路机务生产一线实际应用的机械技术要求，主要编写了铁道机车车辆专业学生必须掌握的机车机械技术应用知识，适合我国高职院校铁道机车车辆专业使用。

　　全书共分七个模块，每个模块的每个项目均选取了生产中的实际问题，结合生产实践，以教学要求为基础，以实际应用为主线，着重阐述了有关机车机械技术应用的内容。

　　本书由黑龙江交通职业技术学院教师、工程师刘浩、副教授韩向东担任主编，黑龙江省农业机械试验鉴定站高级工程师史仁成担任副主编。模块一由黑龙江交通职业技术学院王旭编写，模块二、模块三由黑龙江交通职业技术学院宁晓丹编写，模块四、模块六由黑龙江交通职业技术学院秦公平编写，模块五和模块七由黑龙江交通职业技术学院刘浩编写，全书由刘浩、韩向东、史仁成负责统稿和定稿。

　　限于编者的水平和经验，书中难免有欠妥甚至是错误之处，敬请广大读者批评指正，以便再版时修正和完善。

编　者
2013 年 3 月

目 录

模块一　机车部件的承载能力 ··· 1
　项目一　根据什么选用机车部件的材料？ ·· 1
　　方案一　根据金属材料的力学性能选用 ·· 1
　　方案二　根据材料的抗变形能力选用 ·· 6
　项目二　进行轴、杆类部件选材时，应考虑哪些方面？ ······················· 9
　　方案一　轴向拉伸 ·· 9
　　方案二　剪切与扭转 ··· 12
　项目三　进行梁类部件的选材，应考虑哪些方面？ ····························· 15
　　方案一　梁的抗弯能力 ·· 15
　　方案二　构件的疲劳 ··· 18
　【课后任务】 ··· 21

模块二　机车部件金属材料的选用 ··· 22
　项目　如何选用机车部件的金属材料？ ··· 22
　　方案一　采用碳素钢 ··· 23
　　方案二　采用合金结构钢 ·· 31
　　方案三　采用铸铁 ·· 37
　　方案四　采用有色金属及其合金 ··· 43
　【课后任务】 ··· 45

模块三　机车部件的公差与配合 ··· 46
　项目　如何选用活塞销孔，能够保证其功能和使用寿命？ ···················· 46
　　方案一　合理选用活塞销孔的公差与配合 ······································ 46
　　方案二　合理选用活塞销孔形位公差等级和基准 ····························· 53
　【课后任务】 ··· 61

模块四　机车部件的机械传动 ·· 62
　项目一　如何进行旋转部件的传动？ ·· 62
　　方案一　采用齿轮传动 ·· 62
　　方案二　采用带传动 ··· 68
　　方案三　采用链传动 ··· 72
　项目二　如何实现远距离传动 ··· 73
　　方案一　采用液压传动 ·· 73
　　方案二　采用气压传动 ·· 77
　项目三　传动过程中如何改变运动方向 ··· 79
　　方案一　采用蜗杆传动 ·· 79

  方案二 采用齿轮齿条传动 ································· 80
  方案三 采用螺旋传动 ····································· 81
 项目四 如何实现传动过程中从动件有规律变化 ··············· 82
  方案一 采用凸轮传动机构 ································ 82
  方案二 平面连杆机构 ····································· 84
 【课后任务】 ··· 86

模块五 机车部件的联接 ······································· 87
 项目一 机车部件是如何联接并固定的？ ····················· 87
  方案一 采用螺纹联接 ····································· 87
  方案二 采用铆接 ··· 95
  方案三 采用销联接 ······································· 96
  方案四 采用焊接 ··· 97
  方案五 采用胶接 ··· 99
 项目二 轴与轴间要如何进行联接？ ························· 99
  方案一 采用联轴器进行轴的联接 ························ 100
  方案二 采用花键进行轴的联接 ·························· 102
 项目三 轴与固定件如何联接 ································ 104
  方案一 使用滑动轴承联接轴与固定件 ···················· 104
  方案二 使用滚动轴承联接轴与固定件 ···················· 110
 【课后任务】 ·· 113

模块六 常用量具的使用 ······································· 114
 项目一 如何进行零件尺寸的粗略检验测量？ ················ 114
  方案一 使用钢直尺进行测量 ···························· 114
  方案二 使用塞尺测量 ···································· 117
 项目二 如何进行零部件外形尺寸的精确测量 ················ 118
  方案一 使用游标卡尺测量 ······························ 118
  方案二 使用千分尺进行测量 ···························· 124
 项目三 如何检验零件的形位误差 ························· 126
  方案 使用百分表测量 ···································· 126
 【课后任务】 ·· 128

模块七 机车部件的机械加工 ··································· 129
 项目一 轴是如何加工出来的？ ··························· 129
  方案一 使用车床加工 ···································· 129
  方案二 使用磨床加工 ···································· 132
 项目二 轴上的键槽是如何加工出来的？ ····················· 133
  方案 使用铣床进行加工 ·································· 133

参考文献 ··· 137

模块一　机车部件的承载能力

项目一　根据什么选用机车部件的材料？

【项目描述】
　　机车是列车的动力装置，机车的大多数部件要承受较大的负载和较强的振动。目前，我国生产的机车上所使用材料主要包括金属材料、复合材料、高分子材料等，但机车车体以及机车上的主要承载部件仍以金属材料为主。在工作过程中，各零部件会受到不同的载荷作用，如拉伸、压缩、弯曲、扭转等，若零部件的材料性能、尺寸或截面形状等不满足要求，会导致零件破坏从而引起事故的发生。为保证各零部件正常工作且不在使用寿命期限内失效，各零部件应有足够的承载能力。所以要根据机车部件的工作情况，选择合适的材料，以满足部件的承载能力要求。

方案一　根据金属材料的力学性能选用

　　金属材料的性能包括使用性能和工艺性能。使用性能是指金属材料在使用过程中所表现出的性能，主要有力学性能、物理性能（如导电性、导热性、热膨胀性等）和化学性能（如抗腐蚀性、抗氧化性等），材料的使用性能对零部件的工作能力有重要影响。工艺性能是指材料在加工过程中表现出来的性能，如热处理性能、铸造性能、锻造性能、焊接性能、切削加工性能等。
　　金属材料的力学性能对金属零部件的承载能力有着至关重要的影响。力学性能是指材料在载荷作用下所表现出的性能，是材料抵抗外力作用而不发生破坏的能力。金属材料的力学性能主要包括强度、刚度、硬度、塑性、韧度和疲劳强度等。

一、强　度

　　强度是指材料在静载荷作用下，抵抗塑性变形和断裂的能力。塑性变形是指金属在外力的作用下发生永久变形的能力。拉伸试验测定出的比例极限强度 σ_p、屈服强度 σ_s、抗拉强度 σ_b 均属于材料强度指标。

二、塑　性

　　塑性是指材料在静载荷作用下，在断裂前产生塑性变形的能力。塑性指标有延展率 δ 和断面收缩率 Ψ，它们也可以通过材料的静载荷拉伸试验得到。材料的延展率或断面收缩率越大，则表明材料的塑性越好。塑性好的金属材料不仅能顺利地进行锻压等成形加工，而且在使用过程中若发生超载，可以降低材料发生突然断裂的概率。所以大多数机械零件需要同时具有较高的强度和一定的塑性。

三、硬　度

硬度是指金属材料抵抗外物压入其表面，造成局部塑性变形、产生压痕或划痕的能力，是衡量金属材料软硬程度的一种力学性能。硬度是一项综合力学性能指标，可以反映出材料的强度和塑性，因此在零件图上常标出各种硬度指标作为技术要求。硬度与机械零件的耐磨性有直接联系，一般来说硬度越高的材料耐磨性越好。

材料的硬度是通过硬度试验得到的，硬度试验由于设备简单、操作方便并可以在成品或半成品上直接进行试验而不破坏试件，因而在生产中被广泛使用。测定材料硬度的方法主要有三种：压入法、回跳法和刻画法。工业上主要采用压入法，压入法测定的硬度值表明材料表面抵抗硬物侵入的能力，以材料表面局部塑性变形的大小比较被测材料的软硬。压入硬度分为布氏硬度、洛氏硬度、维氏硬度等。

1．布氏硬度

布氏硬度测试的方法：使用一定的压力将淬火钢球或硬质合金球压入试样表面，保持规定的时间后卸除压力，于是在试件表面留下压痕，如图 1-1 所示，单位压痕表面积 A 上所承受的平均压力即定义为布氏硬度值，用符号 HBS（淬火钢球压头）或 HBW（硬质合金球压头）表示。

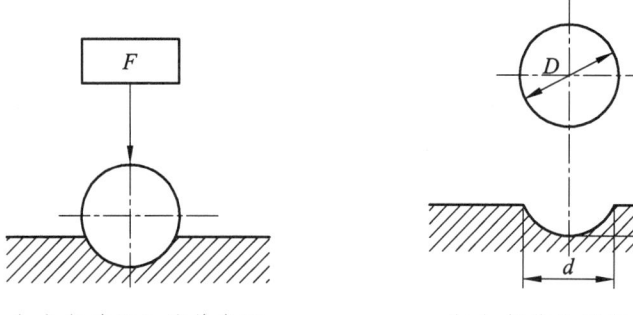

（a）钢球压入试件表面　　　　　　（b）卸载后测定压痕直径 d

图 1-1　布氏硬度试验原理图

已知施加的压力 F，压头直径 D，只要测出试件表面上的压痕深度 h 或直径 d，即可按式（1-1）算出布氏硬度值，单位为 MPa，一般硬度值不表明单位。

$$\text{HB} = \frac{F}{A} = \frac{F}{\pi Dh} = \frac{2F}{\pi D(D-\sqrt{D^2-d^2})} \tag{1-1}$$

上式表明：当压力和压头直径一定时，压痕直径越大，硬度值越低，即材料的变形抗力越小；反之，硬度值越高，材料的变形抗力越大。在进行布氏硬度试验时，钢球直径 D、施加的

载荷 F 和载荷保持的时间应根据被测试金属的种类和试样厚度而定，布氏硬度试验规范见表 1-1。

表 1-1 布氏硬度试验规范

材　料	硬度范围	球径 D/mm	F/D^2	保持时间/s
钢、铸铁	<140	10, 5, 2.5	10	10~15
	≥140	10, 5, 2.5	30	10
非铁金属	30~130	10, 5, 2.5	10	30
	≥130	10, 5, 2.5	30	30
	<35	10, 5, 2.5	2.5	60

布氏硬度试验压痕面积较大，损伤零件表面，且试验过程较麻烦，但试验结果较准确。因此布氏硬度试验适宜测试原材料、半成品、铸铁、有色金属及退火、正火、调制钢件，不适于检测成品件及太薄小件或过硬件。

2. 洛氏硬度

洛氏硬度在洛氏硬度机上测定，其试验原理如图 1-2 所示。用顶角为 120° 的金刚石圆锥体或直径为 1.588 mm 的淬火钢球作压头，先加初始试验力 F_0，压入金属表面，深度为 h_1，再加主试验力 F_1，在总试验力 F（$F = F_0 + F_1$）的作用下，压入深度为 h_2，保持一段时间后卸除主试验力 F_1 并保留初始试验力 F_0 后，由于金属弹性变形的恢复而使压头略有回升，则残余压痕深度增量（$e = h_2 - h_1$）值越小，材料硬度越高；e 值越大，材料硬度越低。用每 0.002 mm 的压痕深度为一个硬度单位，同时为适应人们习惯上数值越大、硬度越高的概念，采用一常数 K 减去 $e/0.002$ 表示硬度值 HR 的大小，如式（1-2）所示。

$$HR = K - e/0.002 \tag{1-2}$$

式中，K 是常数（金刚石压头的 K 为 100；淬火钢球压头的 K 为 130）。

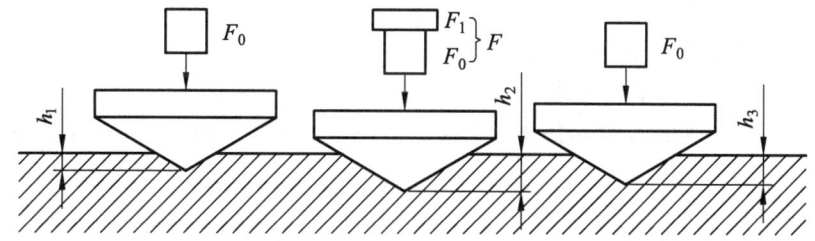

图 1-2 洛氏硬度试验原理图

为了在硬度机上测定不同硬度的材料，需要不同的压头和试验力组成不同的硬度标尺，并用字母在 HR 后边加以注明。常用的洛氏硬度标尺有 A、B、C 三种：HRA、HRB、HRC。洛氏硬度标注时，硬度值写在硬度符号前面，如 50 HRC。常用的洛氏硬度试验规范及应用举例见表 1-2。

表 1-2　常用洛氏硬度试验规范及应用举例　　　　　　　　　（单位：N）

硬度符号	测量范围	压头类型	初始试验力 F_0	主试验力 F_1	应用举例
HRA	20~88	金刚石圆锥体	98.07	490.3	硬质合金、表面淬火层
HRB	20~100	钢球	98.07	882.6	有色金属、退火、正火钢件
HRC	20~70	金刚石圆锥体	98.07	1373	淬火钢、调制钢件

洛氏硬度在生产中广泛应用，其优点是：测量迅速简便，压痕小，可在成品零件上检测。但由于压痕小，硬度值的准确性不如布氏硬度。因此通常在测试时选取不同位置的三点测量，再计算平均值作为被测件的硬度值。

3. 维氏硬度（HV）

维氏硬度测试的基本原理与布氏硬度相同，但压头采用锥面夹角为136°的金刚石正四棱锥体，如图1-3所示。维氏硬度试验所用载荷小，压痕深度浅，适用于测量零件薄的表面硬化层硬度。试验载荷可任意选择，故可测试硬度范围宽，从极软的材料到极硬的材料都可以测量，尤其适用于零件表面硬度的测量，结构精确可靠。但测取维氏硬度值时，需要测量对角线的长度，然后查表或进行计算，而且试样表面要求较高，所以测量效率低，不适用于大批量测试，也不适用于组织不均匀材料（如灰铸铁）的测试。

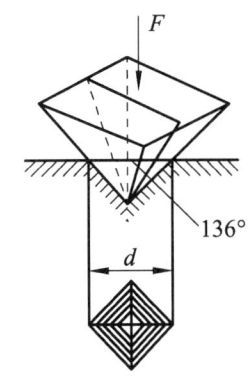

图 1-3　维氏硬度试验原理图

四、疲劳强度

构件在低于屈服强度的交变应力作用下，经过较长时间工作，经一定循环次数后，无明显的塑性变形而发生的突然断裂现象，称为疲劳或疲劳断裂。疲劳断裂前由于没有明显的塑性变形，危险在零件断裂前很难被发觉，常造成严重事故。疲劳一般发生在零件的薄弱部位，如零件的应力集中部位或存在缺陷（划伤、夹渣、显微裂纹等）处，在这些位置十分容易产生细微裂纹，即疲劳源。在交变载荷的作用下，微裂纹进一步扩展，达到一定的临界尺寸，突然发生脆性断裂。

试验证明，金属材料能承受的交变应力与断裂前的应力循环基数有关。当应力低到一定值时，材料可经无限次应力循环而不发生失效，该应力即为材料的疲劳强度，或称为疲劳极限。一般交变应力越小，材料断裂前所能承受的循环次数越多；反之，交变应力越大，可循环的次数越少。工程上用的疲劳强度所对应的循环次数并不是无限次，而是一个很大的数而已，即疲劳强度实际上是指构件在经历一定循环基数下不发生断裂的最大应力，通常钢铁材料的循环基数为 10^7，有色金属材料的循环基数为 10^8。

五、韧　性

强度、塑性和硬度是静载荷作用下的力学性能指标。机车上的许多部件是在冲击力作用下工作的，如活塞连杆组、牵引缓冲装置等。这些零件不仅要满足静力作用下的性能指标，还要有足够的韧性。韧性是指金属在断裂前吸收变形能量的能力，它表示材料抗冲击的能力。韧性评价指标是通过冲击试验确定的。

韧性常用的试验方法是摆锤式一次冲击试验法，它是在专门的摆锤试验机上进行的，如图1-4所示。试验时首先将材料按国家标准规定制成标准冲击试样，然后将试样缺口背向摆锤冲击方向放在试验机支座上。摆锤举高至 h_1 高度，然后自由下落，摆锤冲断试样后，升至 h_2 高度。摆锤冲断试样所消耗的能量，即试样在冲击力一次作用下折断时所吸收的功，称为冲击吸收功，用符号 A_K 表示。

$$A_K = mgh_1 - mgh_2 = mg(h_1 - h_2) \tag{1-3}$$

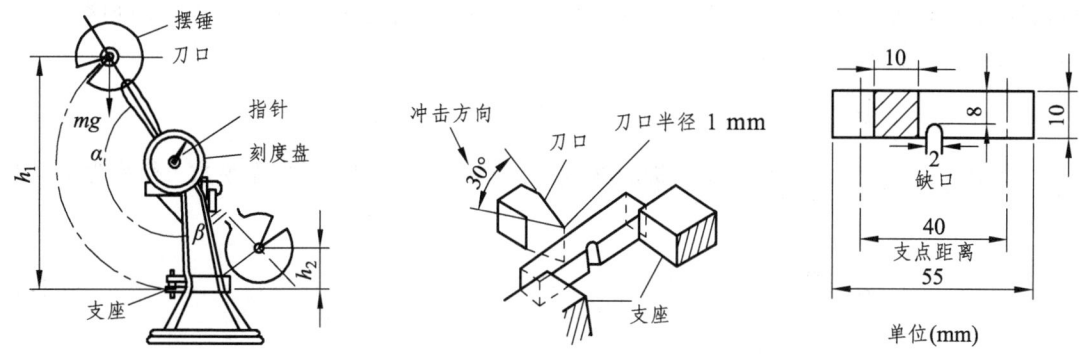

图1-4　摆锤冲击试验

A_K 值不需计算，可由试验从刻度盘上直接读出。冲击试验缺口底部单位横截面积上的冲击吸收功，称为冲击韧度，用符号 α_K 表示，计算方法如式（1-4）所示，单位为 J/cm^2。

$$\alpha_K \frac{A_K}{A} = \frac{mg(h_1 - h_2)}{A} \tag{1-4}$$

式中，A 为试样缺口底部单位横截面积，单位为 cm^2。冲击吸收功越大，材料韧性越好，在受到冲击时越不容易断裂。

【方案应用要点】

机车部件在进行选材的时候，要充分考虑到部件所处的力学环境，其材质的力学性能要保证部件具有足够的承载能力、耐磨能力和使用寿命。机车部件的力学环境复杂，所以对材料的力学性能要求较高，如机车转向架要具有足够的强度、轴箱弹簧要具有足够的强度和韧性、轴箱轴承要具有足够的强度和硬度，等等。机车部件的选材还要综合考虑材料的力学性能，并根据其应用要求重点选择其一两项力学性能。

方案二　根据材料的抗变形能力选用

机车是由单个构件（或零件）组合而成的，在工作运营过程中，各构件都要受到载荷的作用，同时会发生形状和尺寸的改变，即产生变形。此时，在构件内部会产生一种抵抗变形的效应。当载荷大到一定程度时，构件会丧失承受载荷的能力（简称承载能力），也就丧失了工作能力。因此为了保证整个机车的正常运行，从力学上讲，各个构件都必须满足一些基本要求。

一、强度要求

即要求构件受载时不发生断裂或产生永久变形（永久变形是指载荷卸除后不能随之消失的变形，否则称为弹性变形）。例如，连接车厢所用的挂钩不允许断裂；传动装置中相互接触的齿轮不允许出现亚坑（点蚀），否则由于齿形改变会影响正常工作。对于一次断裂来讲，应力不超过材料的强度极限；对残余变形来讲，应力不超过材料的屈服极限。这就是满足了强度要求，符合了强度计算的准则。其代表性的表达式为：

$$\sigma \leqslant \sigma_{\text{lim}} \tag{1-5}$$

考虑到各种偶然性或难以精确分析的影响，上式右边要除以设计安全系数（简称为安全系数）S，即

$$\sigma \leqslant \frac{\sigma_{\text{lim}}}{S} \tag{1-6}$$

二、刚度要求

即要求构件在受载时发生的弹性变形不能超过允许值。例如，设计轮轴时对弹性变形都要加以限制，以免影响零件的加工精度。因此必须保证构件具有足够抵抗弹性变形的能力，即具有足够的刚度。零件在载荷作用下产生的弹性变形量 y（广义代表任何形式的弹性变形量）不超过列车工作性能所允许的极限值 $[y]$（即允许变形量），就叫做满足了刚度要求，或符合了刚度设计准则。其表达式为

$$y \leqslant [y] \tag{1-7}$$

三、寿命准则

由于影响寿命的主要因素——腐蚀、磨损和疲劳是三个不同范畴的问题，它们各自的发展过程规律也不同。迄今为止，还没有提出实用有效的腐蚀寿命计算方法，因而无法列出腐蚀的计算准则。关于磨损的计算方法，由于其类型众多，产生的机理还未完全搞清，影响因素也很复杂，所以尚无可供工程实际使用的能够进行定量计算的方法。关于疲劳寿命，通常是求出使用寿命时的疲劳极限或额定载荷作为计算的依据。

四、稳定性要求

构件保持原有平衡状态的能力称为稳定性。一些受压的细长杆如果稳定性不够，在工作中不能始终保持原有的直线平衡状态而失控，例如活塞杆、千斤顶中的丝杠等。

足够的强度、刚度、寿命和稳定性是对构件提出的基本要求。使用品质好的材料和增大构件的截面尺寸可以满足构件的承载能力要求；但太好的材料和构件的过大的截面积尺寸必造成构件成本的提高和重量的增加，使经济性下降。因此，构件的安全性和经济性是一对矛盾，如何协调好这对矛盾，使设计出来的构件既安全实用又经济合理，正是构件承载能力研究要解决的关键问题。

【扩展阅读】

一、应力的概念

外力作用在构件上时，构件产生变形，这时材料内部会产生力图使材料恢复原有形态的内力。内力会随外力的增大而增大，但是对不同材料的构件来说，内力的增量是有一定限度的，一旦超过了这个限度，构件就会破坏。因此，它和构件的承载能力是紧密联系的。

显然，同样大小的内力分布在较小面积上要比分布在较大面积上的作用大。因此，为了研究强度问题，仅仅知道材料界面上的内力总和是不够的，还需要进一步知道截面上各点处的内力密集程度，即内力集度。

内力在一点处的集度称为该点的应力。为说明截面上任意一点 C 处的内力集度，可环绕 C 取一小面积 ΔA（见图 1-5）。设作用在小面积上的内力为 ΔF，那么在 ΔA 上内力的平均集度为

$$p_m = \frac{\Delta F}{\Delta A} \tag{1-8}$$

p_m 称为 ΔA 上的平均应力。

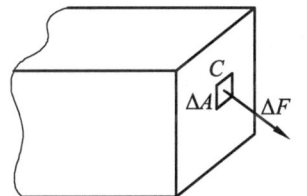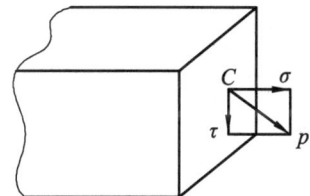

图 1-5　内力集度的测试原理

即使是小面积 ΔA，它上面的内力 ΔF 一般也不是均匀分布的。因此 p_m 将随所取 ΔA 的大小而异，它还不能表明内力在 C 点的真实强弱程度。当 ΔA 无限变小而趋于 C 点，平均应力 p_m 趋于某一极限值，我们称为 C 点的全应力 p，如式（1-9）所示。

$$p = \lim_{\Delta A \to 0} \frac{\Delta F}{\Delta A} = \frac{dF}{dA} \tag{1-9}$$

应力的量纲为[力]/[长度]^2，单位常用 Pa（1 Pa = 1 N/m^2）。由于此单位较小，在对材料进行强度分析时，常采用 MPa（1 MPa = 10^6 Pa）或 GPa（1 GPa = 10^9 Pa）。

全应力 p 为一矢量，为了研究的方便和需要，我们总是将它分解为垂直于截面和平行于截

面的两个分量。前者称为正应力(或法向应力),用 σ 表示;后者称为剪应力(或切向应力),用 τ 表示。

二、应变的概念

1. 位移

构件受力变形后,在构件上的各个点、线、面都可能发生空间位置的改变,这种改变称为位移。从构件内某一点的原来位置到它的新位置所连直线表示的矢量称为该点的线位移。构件内某一直线段或平面在位置改变中所旋转的角度,称为这条线或这个平面的角位移。图1-6所示的直杆,在自由端受集中力 F 作用,变形后成为图中虚线所示的形状。这时,杆端 A 点的总线位移为 AA_1,垂直于杆轴线方向的线位移为 v,沿杆轴线方向的线位移为 u,杆端面的角位移为 θ。

2. 变形与应变

从图1-6中绕构件内某点取一微小的单元体投影到纸面,如图1-7所示。在微小变形的情况下,单元体的变形表现为边长的改变和直角的改变。

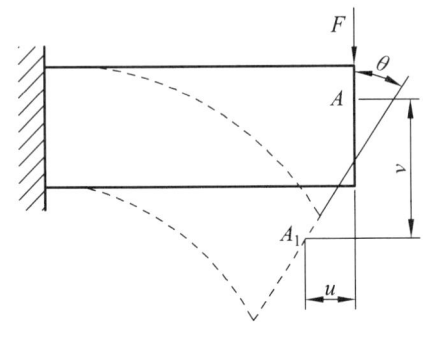

图1-6 线位移与角位移

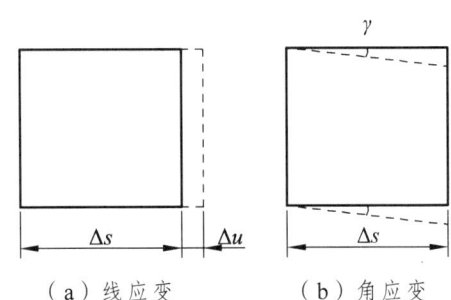

图1-7 单元体的应变

单元体边长的改变称为线变形。如图1-7(a)所示,单元体的水平边长为 Δs,变形后为 $\Delta s + \Delta u$。Δu 称为 Δs 的线变形,Δu 与原长 Δs 有关。为了反映 Δs 方向的变形程度,用单位长度内的平均改变量,即

$$\varepsilon_m = \frac{\Delta u}{\Delta s} \tag{1-10}$$

来表示,ε_m 称为平均线应变。当 Δs 趋近于零时,有

$$\varepsilon = \lim_{\Delta s \to 0} \frac{\Delta u}{\Delta s} = \frac{du}{ds} \tag{1-11}$$

表示构件内该点沿水平方向的线应变。按照相同的方法可以定义出垂直方向的线应变。变形时,长度增加为拉应变,长度减少为压应变。

单元体各边互成直角,变形后直角的改变量 γ 称为角应变或剪变,如图1-7(b)所示。

线应变 ε 和角应变 γ 都是没有量纲的量,即应变用弧度来度量。正应力 σ 和线应变(常简称为应变)ε、剪应力 τ 和剪应变 γ 存在着紧密的关系。

项目二　进行轴、杆类部件选材时，应考虑哪些方面？

【项目描述】

机车是复杂的机械装置，其中轴、杆类部件非常多，其力学环境也比较复杂，在进行这类部件的选材时，和其它部件相比较有何不同？

方案一　轴向拉伸

轴向拉伸和压缩是此类部件最简单的受力变形形式。生产实际中常会遇到许多受拉伸或压缩的杆件。例如，液压传动机构中的活塞杆，在油压和工作阻力作用下受拉伸（见图 1-8），拧紧的螺栓和连接车厢的挂钩也都是受拉伸的例子。上述拉伸和压缩的杆件形状各有差异，加载方式也互不相同，但若把它们的形状和受力情况进行简化，均可以图 1-9 所示的计算简图表示。

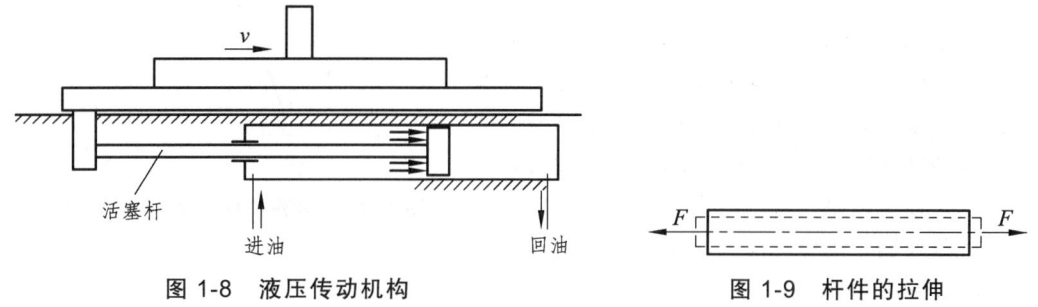

图 1-8　液压传动机构　　　　　　图 1-9　杆件的拉伸

静载荷拉伸试验是最基本的、应用最广的材料力学性能试验。一方面，由静载荷拉伸试验测定的力学性能指标，如屈服强度、抗拉强度、延展率、断面收缩率等，可作为设计、评定材料和优选工艺的依据，具有重要的实际意义；另一方面，静载荷拉伸试验可以揭示材料的基本力学行为规律，也是研究材料力学性能的基本试验方法。所以，研究静载荷拉伸试验得到的应力-应变曲线和材料的基本力学性能指标具有重要意义。

静载荷拉伸试验所用试样一般为光滑圆柱试样，如图 1-10 所示，试样长度（标长）$l_0 = 10d_0$，d_0 为原始直径。静载荷拉伸试验通常是在室温和轴向加载条件下进行的，其特点是试验机加载轴线与试验轴相重合，载荷缓慢施加，应变与应力同步。

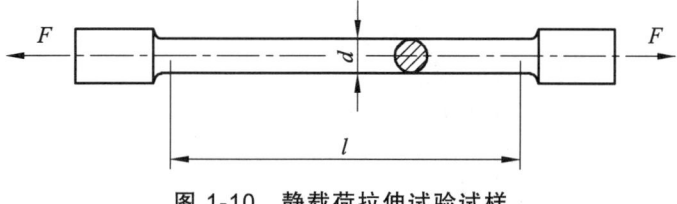

图 1-10　静载荷拉伸试验试样

在静载荷拉伸试验得到的应力-应变曲线上记载着材料力学行为的基本特征，应力-应变曲线是理解材料基本力学行为的基础和信息源。材料应力-应变曲线的应力和应变一般用条件应力

σ 和条件应变 ε 表示。

$$\sigma = F/A_0 \qquad (1-12)$$

$$\varepsilon = \Delta l / l_0 \qquad (1-13)$$

式中，F 为载荷，Δl 为试样伸长量，$\Delta l = l - l_0$，l_0 为试样原始标长。l 为与 F 相对应的标长部分的长度，A_0 为原始截面积。在拉伸过程中，试样长度增加，截面积减小，但在上述计算中，假设试样截面积和长度保持不变，因此称 σ 为条件应力或工程应力，ε 为条件应变或工程应变。

一、脆性材料的应力-应变曲线

铸铁是机车中广泛使用的一种材料，其拉伸时的应力-应变曲线如图1-11所示，图中无明显的直线部分，但工程中通常近似地用直线代替（图中虚线部分），该直线与横轴夹角的大小表示材料对弹性变形的抗力，用弹性模量 E 表示。

$$E = \tan \alpha$$

从图1-11中曲线可知，铸铁在拉伸过程中的变形不明显，没有屈服阶段和缩颈现象，断裂是突然出现的。直至拉断，塑性变形都很小，是典型的脆性材料，强度极限 σ_b 是铸铁唯一衡量其强度的标准。铸铁的抗拉强度极限很低，不宜用作受拉构件。工程上大多数玻璃、陶瓷、淬火状态的高碳钢等都具有类似的应力-应变曲线。

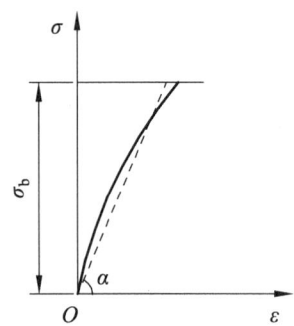

图 1-11 铸铁拉伸时的应力-应变曲线

二、塑性材料的应力-应变曲线

图1-12所示为对低碳钢进行拉伸试验得到的应力-应变曲线，低碳钢是生产实际中广泛使用的材料，机车上大部分零部件都是由其制成的，它的力学性能十分具有代表性，其应力-应变曲线是工程塑性材料应力-应变曲线的一种典型形式。从图中可以看出低碳钢的整个拉伸过程大致可以分为以下四个阶段。

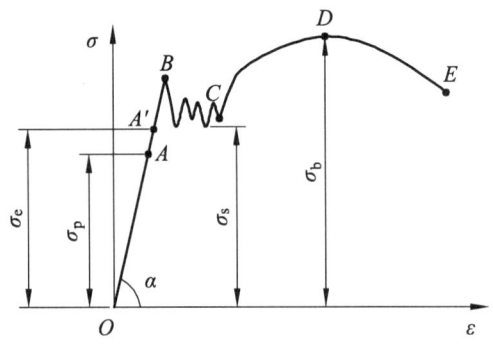

图 1-12 低碳钢拉伸时的应力-应变曲线

1. 弹性阶段（图中 OA' 段）

图中 OA 为直线段，在此阶段，应力 σ 和应变 ε 呈正比关系，即胡克定律成立，有 $\sigma = E\varepsilon$。与 A 对应的应力是 σ_p，称为比例极限，是 σ 与 ε 成正比的最高极限。低碳钢的 $\sigma_p \approx 200$ MPa。OA' 段内，材料发生的是弹性变形。当应力 σ 小于 OA' 段对应的应力 σ_e 时，如卸去外力，则相应的应变 ε 将随之完全消失，σ_e 称为弹性极限。由于 σ_p 和 σ_e 很接近，应用时可认为二者相等，A 和 A' 可以认为是同一点。

2. 屈服阶段（图中 BC 段）

当应力 $\sigma > \sigma_e$ 后，图上曲线出现接近水平的、有微小波动的锯齿线段，说明在此阶段内应力虽有微小的波动，但基本不变，而应变 ε 却迅速增加，表明此时材料暂时几乎失去抵抗变形的能力，这种现象称为材料的屈服。屈服阶段的最低应力值 σ_s 称为材料的屈服点。低碳钢的屈服点为 $\sigma_s = 220 \sim 240$ MPa。在这一阶段，材料发生明显的塑性变形。生产中绝大多数构件出现塑性变形后已不能正常工作，因此，屈服点常作为衡量材料是否破坏的强度指标。

3. 强化阶段（图中 CD 段）

过了屈服阶段后，图中曲线又开始逐渐上升，表明材料又恢复了抵抗变形的能力，要使它继续变形就必须增加拉力，这种现象称为材料的强化。曲线的最高点 D 所对应的应力值 σ_b 称为抗拉强度，它是材料能承受的最大应力值，是衡量材料力学性能的又一重要指标。低碳钢的 $\sigma_b \approx 400$ MPa。

强化阶段后如卸载再加载，则出现材料的弹性极限提高而塑性降低的现象，称为冷作硬化。实际应用中经常利用这一性质来提高材料在弹性阶段的承载能力，如冷拉钢筋、冷拔钢丝等。

4. 缩颈断裂阶段（DE 段）

在强度极限之前，试件的变形是均匀的，过了抗拉强度之后，即曲线上的 DE 段，变形就集中在某一局部区域内，截面尺寸显著减小，出现缩颈现象，如图 1-13 所示，最后试件在缩颈处被拉断。试件被拉断后，弹性变形消失了，但塑性变形保留了下来，使试件标距由原长 l 变成了 l_1。两者之差 $l_1 - l$ 称为残余伸长，它与 l 之比的百分率称为伸长率，用 δ 表示。

$$\delta = \frac{l_1 - l}{l} \times 100\% \tag{1-14}$$

伸长率 δ 表征材料塑性变形的程度，是衡量材料塑性大小的指标。通常将 $\delta \geq 5\%$ 的材料称为塑性材料，如钢铁、铝、铜等；把 $\delta < 5\%$ 的材料称为脆性材料，如铸铁、砖石、混凝土等。低碳钢 $\delta = 20\% \sim 30\%$，是典型的塑性材料。

衡量材料塑性的另一个指标是断面收缩率 Ψ，表示为

$$\Psi = \frac{A - A_1}{A} \times 100\% \tag{1-15}$$

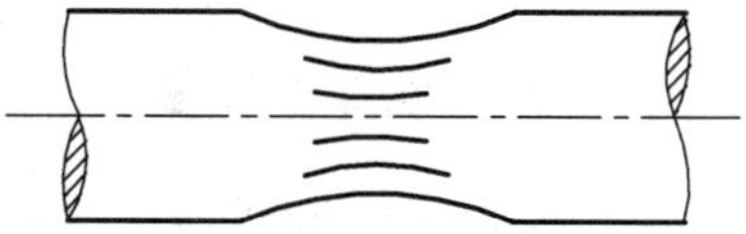

图 1-13 缩颈现象

式中，A 为试件初始横截面面积；A_1 为试件拉断后缩颈处的最小横截面面积。低碳钢的 $\Psi = 60\% \sim 70\%$。

方案二　剪切与扭转

剪切和扭转都是杆件的基本变形形式。杆件在剪切或扭转变形时，横截面上都主要作用着剪应力，但是两者的剪应力分布不同。剪切时剪应力合成一个力，扭转时剪应力则合成一个力偶。对扭转变形的研究，不但是解决轴类构件强度、刚度计算的需要，而且对全面了解材料的破坏形式、认识力和变形的基本性质都十分重要。

杆件受到一对大小相等、方向相反、作用线相距很近的横向力 F 作用时，杆件产生剪切变形，在变形过程中，随着 F 的增大，介于作用力中间部分的截面沿着力的方向发生相对错动，直至剪断。发生相对错动的截面称为剪切面。剪刀剪断物体是剪切破坏的最典型例子。

在生产实际中，人们经常通过剪切来制成所需要的构件形状，如冲剪、钻凿等。另一方面，人们又大量采用能抵抗剪切的材料制成连接件，如连接两块钢板的螺栓，机械中的销、键以及钢结构中广泛应用的铆钉、焊接等。

一、扭转

扭转是杆件的基本变形之一。其受力特点是：杆件在垂直于杆轴线的若干平面内受到转向不同的外力偶作用，如图 1-14 所示，其相应的变形特点是：直杆的各横截面绕轴线产生相对转动，纵向线变成螺旋线。这种变形称为扭转。

生产中受到扭转的杆件很常见。如图 1-15 所示的汽车转向盘轴，在操纵汽车方向时，双手在方向盘上施加一力偶作用，转向盘轴的另一端受转向器的阻力偶作用，使转向盘轴扭转；又如内燃机车上的传动轴、电动机轴、搅拌器轴、车床主轴等，都受扭转作用。工程上将受到扭转或扭转为主要变形的直杆统称为轴。

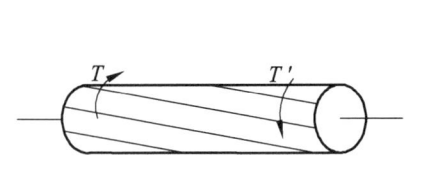

图 1-14　扭转变形

图 1-15　转向盘轴

1. 外力偶矩的计算

在分析轴扭转时的强度、刚度条件之前，首先分析轴的受力情况。在工程实际中，作用在轴上的外力偶矩 T 往往不是直接给出来的，而是要通过已知的轴所传递的功率 P 和轴的转速给出的。它们之间的关系如式（1-16）所示：

$$T = \frac{9\,550P}{n} \tag{1-16}$$

式中,T 为轴所受的外力偶矩(N·m);P 为轴所传递的功率(kW);n 为轴的转速(r/min)。

从式(1-16)可以看出,轴所承受的力偶矩与传递的功率成正比,与轴的转速成反比。当轴所传递的功率相同时,则高速轴所受的外力偶矩较小,低速轴所受的外力偶矩较大。因此,在同一传动系统中,低速轴的轴径要大于高速轴的轴径。

2. 扭矩

当已知作用在轴上的所有外力偶矩后,即可用"截面法"计算圆轴扭转时各截面上的内力。如图 1-16(a)所示的 AB 轴,在其两端垂直于杆轴线的平面内,作用有一对反向力偶,杆件处于平衡状态。为了求出轴的内力,用一假想截面 m-m 截面将轴一分为二,先研究左段的平衡,其上受一外力偶矩 T 作用,要使左段平衡,m-m 截面上必有一力偶 M_n 与外力偶矩 T 相平衡,即截面上的内力是一力偶矩。

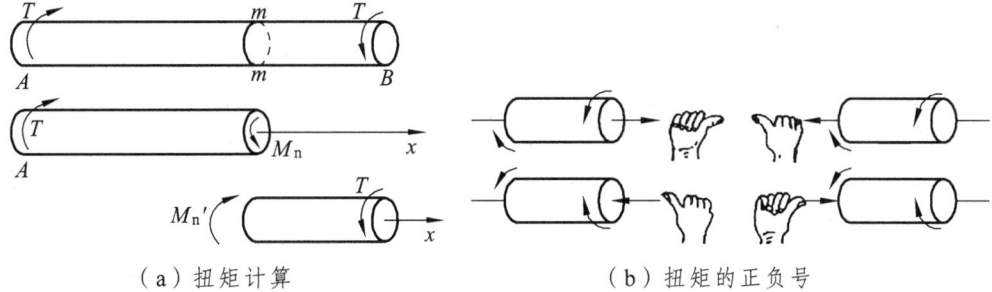

(a)扭矩计算　　　　　　(b)扭矩的正负号

图 1-16　AB 轴的扭矩

根据平衡条件,两者合力 $\sum M_x$ 为 0,即:

$$\sum M_x = 0, \quad M_n - T = 0$$
$$M_n = T \tag{1-17}$$

M_n 是轴在扭转时截面上的内力偶矩,称为扭矩。如果研究右段的平衡,会得到同一截面上大小相等、方向相反的扭矩 M_n',实际上两者是作用力和反作用力的关系。

扭矩的正负号规定如下:用右手螺旋定则判断,右手四指绕向表示扭矩绕轴线方向,则大拇指指向与截面外法线方向一致时扭矩为正,反之扭矩为负,如图 1-16(b)所示。同一截面的扭矩符号是一致的,如上例中扭矩 M_n、M_n' 均为正。

3. 扭矩图

当轴上作用有两个以上外力偶时,则轴上各段扭矩 M_n 的大小和方向有所不同。为了形象地表达轴上各截面扭矩大小和符号的变化情况,可用扭矩图来表示,如图 1-17 所示。

在扭矩图上,以横轴表示轴上截面的位置,纵轴表示扭矩的大小;正扭矩画在纵轴的正向,负扭矩画在纵轴的负向。根据扭矩图可清楚地看出轴上扭矩随载荷的变化规律,以便于分析轴上的危险截面,从而进行强度计算。

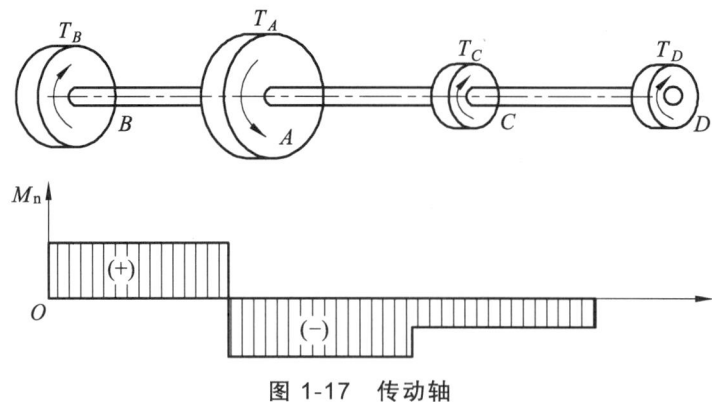

图 1-17 传动轴

二、剪 切

剪切变形是生产实际中常见的一种基本变形，铆钉联接、键联接、销联接等，都是剪切变形的实例。

图 1-18（a）所示为一铆钉联接的简图。钢板受外力 F 的作用后又将力传递到铆钉上，而使铆钉的侧面受力。这时，铆钉的上、下两半部分将沿着外力的方向分别向右和向左移动［见图 1-18（b）］。当外力足够大时，将会使铆钉剪断。由铆钉受剪的实例分析可以看出，剪切变形的受力特点是：作用在构件两侧面上的外力的合力大小相等、方向相反、作用线平行且相距很近。

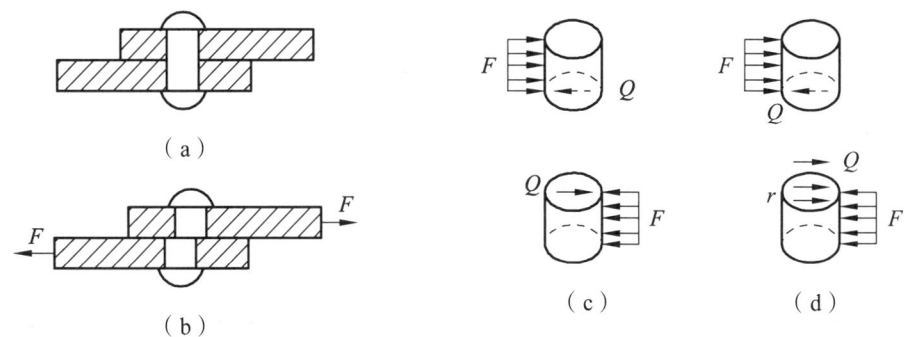

图 1-18 铆钉联接

同时还可以看出，剪切变形的特点是：介于两作用力之间的各截面，有沿着作用力的方向发生相对错动的趋势。在承受剪切的构件中，发生相对错动的截面称为剪切面。剪切面平行于作用力的作用线，介于构成剪切的二力之间，据此可确定受剪构件中剪切面的位置。构件中只有一个剪切面的剪切称为单剪，如图 1-18 中的铆钉。构件中有两个剪切面的剪切称为双剪，机车牵引电机吊杆穿销所受的剪切（见图 1-19）即是双剪的实例。

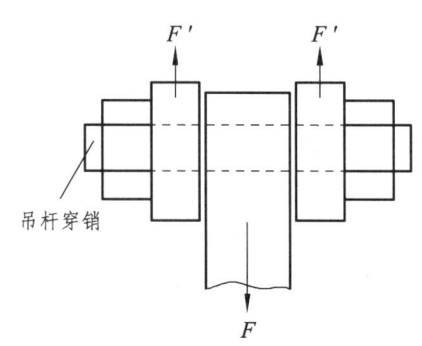

图 1-19 机车牵引电机吊杆穿销（双剪）

构件在受剪切时，伴随着挤压现象。当两物体接触而传递压力时，两物体的接触面就相互挤压。如果接触面只是表面上的一个不大的区域，而传递的压力又比较大，则接触表面就很可能被压陷（产生显著的塑性变形），直至压碎，这种现象称为挤压。图1-18（c）所示为铆钉与孔壁的挤压情况。

必须注意，挤压与压缩是截然不同的两个概念，前者是产生在两个物体的接触表面，而后者则是产生于一个物体上。构件局部受压的接触面称为挤压面，挤压面上的压力称为挤压力。

项目三　进行梁类部件的选材，应考虑哪些方面？

【项目描述】

机车是大型机械装置，重量可达150吨以上，机车转向架和车体底架都是由梁状构件。此类部件要承受较大的载荷，而且载荷都是垂直于构件轴线的，此类部件在选材时要着重考虑哪些方面呢？

方案一　梁的抗弯能力

在生产实际中，经常遇到很多承受载荷后发生弯曲变形的构件，比如机车转向架构架、机车轮轴等，如图1-20所示。这类构件受力的共同特点是：各外力垂直于杆件轴线，变形时杆件的轴线变成曲线，这种变形称为弯曲。弯曲是杆件基本变形中的一种，以弯曲变形为主的杆件统称为梁。

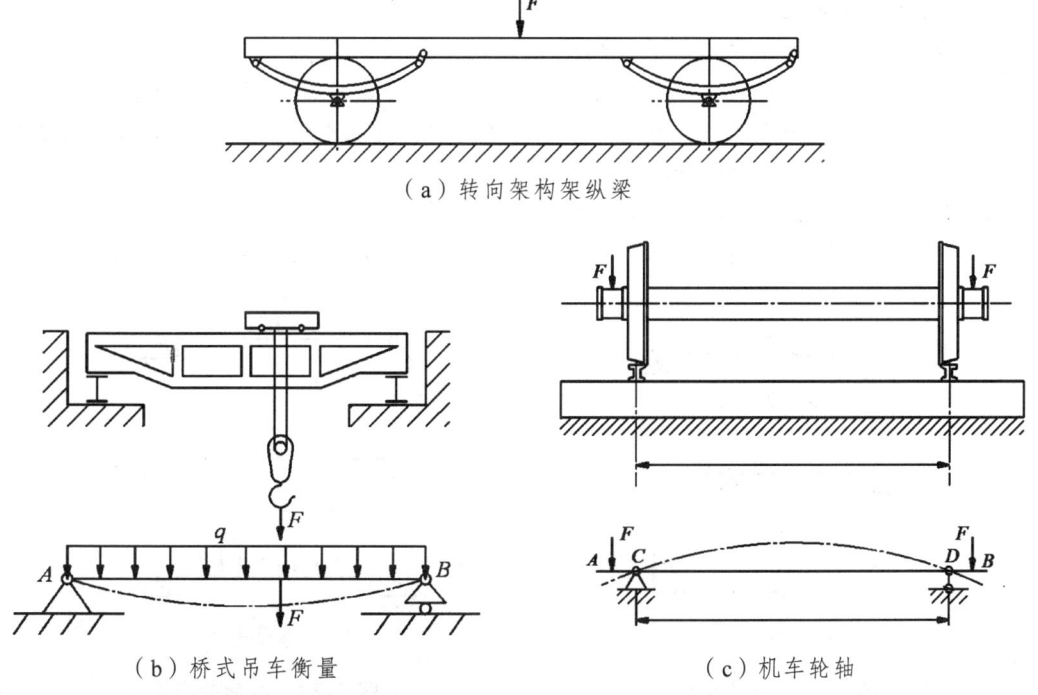

（a）转向架构架纵梁

（b）桥式吊车衡量

（c）机车轮轴

图1-20　弯曲变形的实例

生产中最常见的梁往往都有一个纵向对称面,如图1-21(a)所示。若梁上所有外力均作用于该纵向对称面上,则梁在变形时,其轴线将在纵向对称面内弯成一条平面曲线,这种弯曲称为平面弯曲。平面弯曲是弯曲变形中最基本的一种,如图1-21(b)所示。

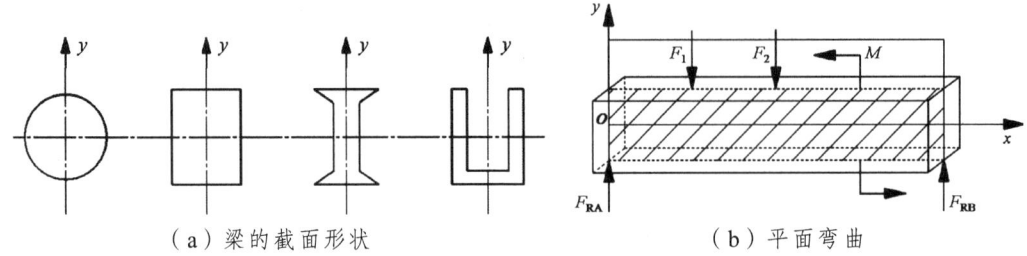

(a)梁的截面形状　　　　　　(b)平面弯曲

图1-21　梁的平面弯曲

【扩展阅读】　梁弯曲时的内力

一、梁的类型

按照梁的支座形式不同,可将其分为三类,分别为:

(1)简支梁:梁的一端可简化为固定铰链约束,另一端可简化为活动铰链约束,如图1-22(a)所示。图1-19(b)中的桥式起重机横梁即可简化为简支梁。

(2)外伸梁:梁的约束简化情况同简支梁,但梁的一端或两端外伸,如图1-22(b)所示。图1-20(a)中的转向架构架纵梁和图1-20(c)中的内燃机机车轮轴即可简化为外伸梁。

(3)悬臂梁:梁的一端自由,另一端有约束,且该约束为固定端约束,如图1-22(c)所示。

二、梁上载荷的简化

作用于梁上的载荷可简化为以下三种形式:

(1)集中力,指通过一微小段梁作用在梁上的横向力 F,如图1-23(a)所示。

(2)集中力偶,指通过一微小段梁作用于梁轴平面内的外力偶,如图1-23(b)所示的力偶 M,单位一般为 N·m 或 kN·m。

(3)分布载荷,指在梁的部分长度或全长上连续分布的横向力,如均匀分布,则称为均布载荷,通常用载荷集度 q 来表示,其单位为 N/m 或 kN/m,如图1-23(c)所示。梁的自重等均属此类。

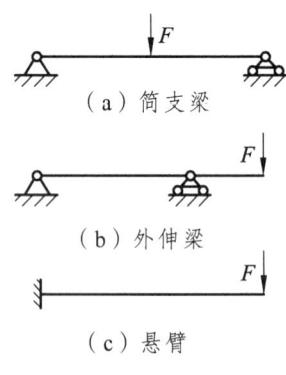

(a)简支梁

(b)外伸梁

(c)悬臂

图1-22　梁的类型

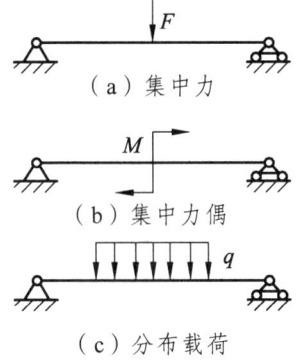

(a)集中力

(b)集中力偶

(c)分布载荷

图1-23　载荷的类型

三、剪力和弯矩

为了研究梁的强度和刚度条件，需分析梁上各截面的内力，并使用截面法求出内力，如图1-24所示的简支梁 AB，受集中力 F_1 和 F_2 的作用而平衡。首先运用静力学平衡方程求出制作约束反力 F_A、F_B，然后在梁上取一截面 m-m 分析其内力。以左段为研究对象，如图所示，它受到主动力 F_1 和约束反力 F_A 的作用（设 $F_1 < F_A$），为保持平衡，截面 m-m 上应有一个与横截面相切的内力 F_Q，其合力 $\sum F_y$ 为 0，即

$$\sum F_y = 0, \quad F_A - F_1 - F_Q = 0$$
$$F_Q = F_A - F_1 \quad (1\text{-}18)$$

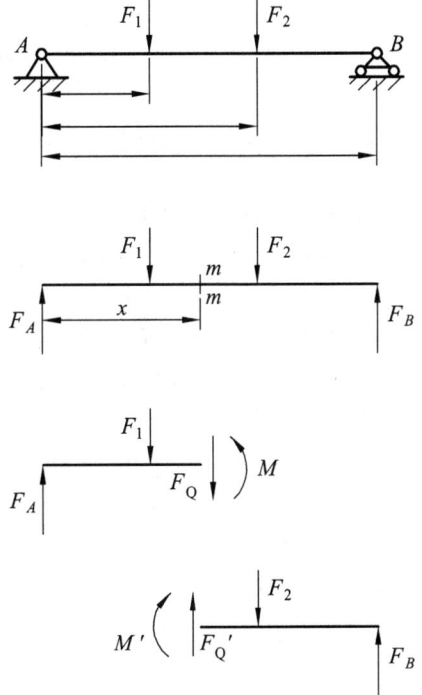

内力 F_Q 称为剪力，其作用线平行于截面并通过截面的形心。

另外，F_A 和 F_1 有使梁顺时针转动的趋势，为保持平衡，截面 m-m 上还应有一个逆时针方向的内力偶 M，合力 $\sum M_O$ 为 0，对截面形心 O 求力矩有

图1-24 简支梁的内力

$$\sum M_O = 0$$
$$M + F_1(x - a_1) - F_A x = 0$$
$$M = F_A x - F_1(x - a_1) \quad (1\text{-}19)$$

内力偶 M 称为内弯矩，作用在梁的纵向对称面内。

由以上的分析计算可知：梁受外力作用发生弯曲时，横截面上的内力包括剪力 F_Q 和弯矩 M，它们的大小可以通过静力平衡方程求出。剪力和弯矩的符号按照截面附近微段的变形来判断。

（1）剪力符号的规则：凡是使一微段梁发生左侧截面向上、右侧截面向下的相对错动，其剪力为正，如图1-25（a）所示；反之为负，如图1-25（b）所示。

（2）弯矩符号规则：凡是截面附近一微段梁发生下凹变形时的弯矩为正，如图1-26（a）所示；反之为负，如图1-26（b）所示。

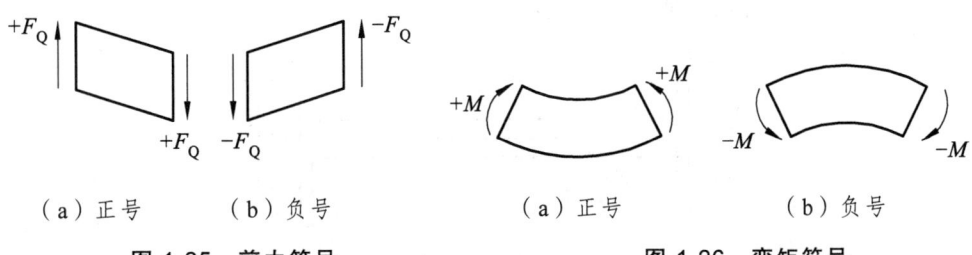

（a）正号　　（b）负号　　　　　　（a）正号　　　　（b）负号

图1-25 剪力符号　　　　　　　　图1-26 弯矩符号

方案二　构件的疲劳

一、交变应力及构件的疲劳循环

在生产实际中，许多构件的工作应力是随时间作周期性变化的。这种随时间作周期性交替变化的应力称为交变应力。作用在构件上的随时间作周期性变化的载荷称为动载荷。

例如，内燃机车上的转轴，虽然作用在它上面的载荷大小、方向均不变化，但由于轴本身的转动，轴内各点的应力是随时间作周期性变化的，又如齿轮上的每个轮齿，自开始啮合到脱离啮合的过程中，齿根上的应力自零增加到最大值，然后又渐减为零，齿轮每转一周，齿根上的应力按此规律重复变化一次。

人们在长期的生产实践中发现，构件在交变应力作用下发生的破坏和静应力作用时发生的破坏不同，它具有以下的特点：

(1) 破坏时的最大应力一般远低于静载荷下材料的强度极限，甚至低于屈服点。

(2) 塑性很好的材料，破坏时一般表现为无明显塑性变形的脆性断裂。

构件在交变应力下的破坏现象，工程上习惯地称为"疲劳"破坏。目前对这种疲劳破坏现象的一般解释是：当交变应力的大小达到某一限度时，经过多次循环后，构件中的最大应力处或材料有缺陷处出现毛细裂纹，随着循环次数的增加，毛细裂纹逐渐扩展成为裂纹，在裂纹的发展过程中，由于应力交替变化，裂纹两边的材料时而压紧时而张开，使材料相互研磨，因此形成了光滑区。当断面削弱到一定程度时，在一个偶然的冲击或震动下便发生突然的脆性断裂，断裂处形成粗糙区。

构件的疲劳破坏通常是在机器运转过程中突然发生的，事先不易发现，一旦发生疲劳破坏，往往会造成严重的损害，因此，对于承受交变应力的构件必须积极预防疲劳破坏的发生。

二、循环特征

在交变应力作用下，构件内任何一点的应力在最大应力和最小应力之间循环变化着，以火车轮轴为例来说明它们的变化规律。当轴 B-B 横截面上 [见图 1-27 (a)] 任一点 A 转到 1 位置时应力为最大，以 σ_{max} 表示；如图 1-27 (b) 所示，转到 2 位置时应力为零；转到 3 位置时应力为最小，以 σ_{min} 表示；转到 4 位置时应力为零，再转到 1 位置时，应力又达到最大。轴每转一周，应力变化重复一次。将应力随时间的变化规律绘制在应力-时间直角坐标系内，得到应力随时间的变化曲线。我们将应力每重复变化一次的过程称为一个应力循环，图 1-27 (c) 所示曲线上由 1 到 1′ 的变化过程就是一个应力循环。

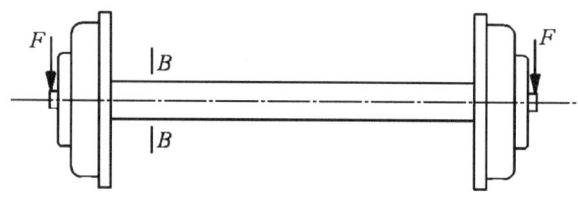

(a)

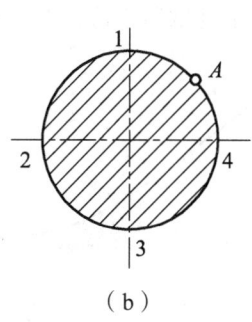
(b)

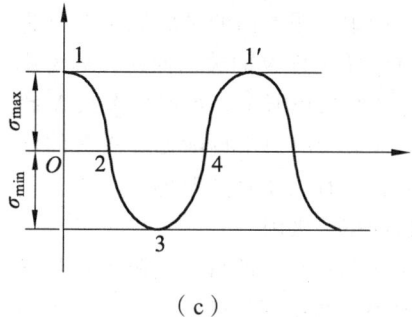
(c)

图 1-27 对称循环

对于各种不同的应力变化规律，可以用循环特征来表示。循环特征用最小应力与最大应力之比来度量，以符号 r 表示，即

$$r = \frac{\sigma_{\min}}{\sigma_{\max}} \tag{1-20}$$

常见的交变应力有以下两种：

（1）对称循环交变应力。对称循环交变应力中最大应力与最小应力的绝对值相等，而方向相反，即 $\sigma_{\max} = -\sigma_{\min}$。列车轮轴或转动轴上任一点的弯曲正应力就是对称循环交变应力（见图 1-27），其循环特征是

$$r = \frac{\sigma_{\max}}{\sigma_{\min}} = -1$$

（2）脉动循环交变应力。脉动循环交变应力中最小应力为 0，即 $\sigma_{\min} = 0$，其应力变化曲线如图 1-28 所示。

另外，当最大应力与最小应力的大小相等且方向相同时（$\sigma_{\max} = \sigma_{\min}$），即应力无变化的情况，这就是静应力。静应力可以看做是交变应力的一种特殊情况，其循环特征是

图 1-28 脉动循环

$$r = \frac{\sigma_{\min}}{\sigma_{\max}} = +1$$

三、材料的持久极限

材料在静载荷作用下抵抗破坏的能力用屈服点或抗拉强度表示，而材料对疲劳破坏的抵抗能力则用持久极限表示。在交变应力作用下，材料经过无数次循环而不发生破坏的最大应力称为材料的持久极限，用 σ_r 表示，这里的脚标 r 表示循环特征。例如，在循环交变应力作用下材料的持久极限为 σ_{-1}、在静应力作用下材料的持久极限为 σ_{+1} 和在脉动循环交变应力作用下材料的持久极限为 σ_0。实验指出：持久极限的数值随材料的种类、受力形式的不同而不同，同一种材料在同一种受力形式下，其持久极限随着循环特征的不同而不同。

材料的持久极限是用专门的试验机来测定的。图1-29所示是钢制小试件在弯曲对称循环条件下最大应力与循环次数 N 的关系曲线，称为疲劳曲线。从疲劳曲线可以看出，当循环次数 N 超过 10^7 次以后，其最大应力不再随循环次数的增加而降低，因此，工程上常将此时的应力定为该循环特征下材料的持久极限。

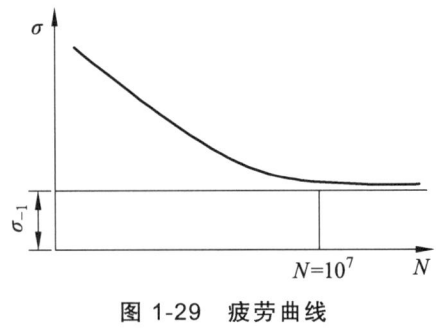

图1-29 疲劳曲线

实验进一步表明：材料的持久极限不仅与材料的种类、受力形式和循环特征有关，还受到构件的形状、尺寸的大小和表面加工质量的影响，所以，在确定许用应力时应充分考虑这些因素的影响。

四、安全系数

通过对材料机械性能的研究，我们知道，对于塑性材料，构件的工作应力达到屈服极限 σ_s 时，就会产生较大的塑性变形而影响构件的正常工作。对于脆性材料，工作应力达到强度极限 σ_b 时，构件就会破坏。我们把材料丧失工作能力的应力称为极限应力，用 σ_0 表示。显然，对于塑性材料 $\sigma_0 = \sigma_s$；对于脆性材料 $\sigma_0 = \sigma_b$。

在设计构件时，有许多情况往往难以准确估计，如机器的过载和桥梁受到意外的冲击、振动等。另外，还要考虑给构件以必要的安全储备。因此，构件的工作应力不允许达到极限应力 σ_0。我们把构件在工作时所允许产生的最大应力称为许用应力，用 $[\sigma]$ 表示。显然，许用应力必须低于极限应力，极限应力与许用应力的比值称为安全系数，即

$$[\sigma] = \sigma_0 / n \tag{1-21}$$

对于塑性材料，$[\sigma] = \sigma_s / n_s$；对于脆性材料 $[\sigma] = \sigma_b / n_b$。式中，$n_s$、$n_b$ 分别是塑性材料和脆性材料的安全系数。一般取 $n_s = 1.4 \sim 1.8$，$n_b = 2.0 \sim 3.5$。

安全系数的选取是一个比较复杂的问题，在生产实际中非常重要。如果安全系数取得过大，许用应力就小，会造成材料浪费、结构笨重和成本提高。反之，安全系数取得太小，就不能保证安全，甚至造成事故。某些构件的安全系数和许用应力可以从有关的设计规范中查到。

【案例导读】

1998年6月3日5点45分，德国慕尼黑开往汉堡的城际高铁884号列车正式启动，12节车厢上共有400名乘客。运行7年来，这条城际高铁从未出现过任何事故。上午10点59分，当884号列车行驶到艾舍德的一座路桥上时，车身突然全部出轨，撞上路桥！顷刻之间，车厢由于猛烈的撞击，全部扭成一团，互相挤压向上扭曲了五六公尺高，300吨重的双线路桥也完全崩塌，101名乘客当场死亡，另有部分乘客严重受伤、落下终身残疾。这是人类铁路史上最严重的一次高铁事故！

专家们迅速对此展开调查，他们很快从现场找到一块破损的车轮钢固。经过研究，这块钢圈正是悲剧的罪魁祸首！原来，在高铁开通之时，884号列车所用的车轮都是单层的，也就是用一块完整的钢材做成的，但是德国铁路很快发现，这种单层的车轮有其不完美的地方，那就

是列车开动时，车轮会向内产生摩擦，继而产生很大的噪声，影响到车内的乘客。

要改变这种状况，办法有两个：一个是更换铁轨或者列车，另一个则是改进车轮。显然，前者不切实际，后者则相对容易和省钱。德国铁路决定实施后者。

1992年8月31日，德国铁路启用改进后的064型双层车轮。与之前相比，064型车轮在原先的单层车轮外面再包上一个车轮，同时在两者之间用橡胶垫压。果然，换上双层车轮后，摩擦和噪声都没有了。

直到事故发生前，双层车轮没有发生过任何问题，这让德国铁路自信满满。

然而，他们却忽略了一个问题，那就是由于承载着很大的压力，双层车轮的金属会因为互相之间的挤压和自动伸缩产生疲劳。这种反复的挤压和伸缩会造成钢材的逐步老化直至最终的断裂，这就如同两根曲折针反复来回互折，最终会断裂是一个道理。

如今，德国铁路已经卸除了064型双层式车轮，换成了单层车轮，德国政府还在事故的原址上建了一座纪念馆，全世界的高铁也都从这次事故中汲取了教训。

【课后任务】

1. 根据所学知识，查找资料，分析机车轮对如何进行选材，轮毂、轮心、轮箍、轮轴、齿轮等各部位选材上有什么区别？

2. 根据所学知识，查找资料，根据技术要求，分析内燃机车活塞连杆组如何进行选材？

模块二　机车部件金属材料的选用

项目　如何选用机车部件的金属材料？

【项目描述】

在进行机车部件的选用时，以金属材料为主，并要综合考虑部件的使用环境和技术要求。以机车车体为例，车体选用何种材料，不仅要从车体的强度和刚度考虑，还要从车体的经济性和使用寿命等方面进行综合比较分析。从经济上看，普通碳素钢最便宜，但强度不高；从使用寿命上看，铝合金和不锈钢最好，但价格贵，且工艺较复杂，综合看来，选用普通碳素钢与低合金高强钢相结合是最恰当的。车体底架是主要受载部件，在选材时尽量采用强度相对较高的材料，如 16Mn 系列和 Q345 系列等，而受载相对较小的部件可选用强度相对较小、比较经济的普通碳素钢。对于与外界大气相接触的部位（司机室蒙皮、侧构蒙皮、顶盖蒙皮、底架地板等），通常采用耐候钢，而不锈钢由于与碳钢焊接时的焊接工艺复杂，尽量控制使用。对于要求轻量化的高速机车，其车体顶盖可采用铝合金材料。金属材料的选用，要根据技术要求和金属材料的性能进行。

【扩展阅读】　几个基本概念和金属的特征

一、金属材料

金属材料是指金属元素与金属元素，或金属元素与少量非金属元素所构成的，具有一般金属特性的材料，统称为金属材料。

金属材料按其所含元素数目的不同，可分为纯金属（由一个元素构成）和合金（由两个或两个以上元素构成）。合金按其所含元素数目的不同，又可分为二元合金、三元合金和多元合金。大家知道，物质按其形态不同，可分为固体、液体和气体，而固体又可分晶体和非晶体。

二、晶体

组成固态物质的最基本的质点（如原子、分子或离子）在三维空间中，作有规则的周期性重复排列，即以长程有序方式排列，这样的物质称为晶体，例如金属、天然金刚石、结晶盐、水晶、冰等。

三、非晶体

组成固态物质的最基本的质点，在三维空间中无规则堆砌，这样的物质称为非晶体，例如玻璃、松香等。

晶体通常又可分为金属晶体和非金属晶体，纯金属及合金都属于金属晶体，其原子间主要以金属键结合,而非金属晶体主要以离子键和共价键结合。例如,食盐 NaCl(离子键)、金刚石(共价键)都是非金属晶体。

四、金属键

金属键是金属原子之间的结合键,它是大量金属原子结合成固体时,彼此失去最外层的电子(过渡金属元素也失去少数次外层电子),成为正离子,而失去的外层电子穿梭于正离子之间,成为公有化的自由电子云或电子气,于是金属正离子与自由电子云之间保持着强烈静电吸引力(库仑引力),这种结合方式称为金属键。

五、金属特征

金属材料主要以金属键方式结合,从而使金属材料具有以下特征:

(1)良好的导电、导热性。自由电子定向运动(在电场作用下)导电、(在热场作用下)导热。

(2)正的电阻温度系数,即随温度升高,电阻增大。因为金属正离子随温度的升高,振幅增大,阻碍自由电子的定向运动,从而使电阻升高。

(3)不透明,有光泽。自由电子容易吸收可见光,使金属不透明。自由电子吸收可见光后由低能轨道跳到高能轨道,当其从高能轨道跳回低能轨道时,将吸收的可见光能量辐射出来,产生金属光泽。

(4)具有延展性。金属键没有方向性和饱和性,所以当金属的两部分发生相对位移时,其结合键不会被破坏,从而具有延展性。

方案一 采用碳素钢

含碳量小于 1.35%(0.1%~1.2%),除铁、碳和限量以内的硅、锰、磷、硫等杂质外,不含其他合金元素的钢称为碳素钢。碳素钢的性能主要取决于含碳量。含碳量增加,钢的强度、硬度升高,塑性、韧性和可焊性降低。与其他钢类相比,碳素钢使用最早,成本低,性能范围宽,用量最大。适用于公称压力 $P_N \leq 32.0$ MPa、温度为 $-30 \sim 425$ °C 的工作环境。常用牌号有 WC1、WCB、Z 石墨 25 及优质钢 20、25、30 及低合金结构钢 16Mn。

碳素钢是近代工业中使用最早、用量最大的基本材料。目前碳素钢的产量在各国钢总产量中的比重约保持在 80% 左右,它不仅广泛应用于建筑、桥梁、铁道、车辆、船舶和各种机械制造工业,而且在近代的石油化学工业、海洋开发等方面也得到大量使用,机车上大多数部件均采用碳素钢制造。

一、碳素钢的分类和用途

1. 按化学成分分类

碳素钢按化学成分(即以含碳量)可分为低碳钢、中碳钢和高碳钢。

1)低碳钢

低碳钢又称软钢,含碳量 0.10%~0.25%。低碳钢易于接受各种加工如锻造、焊接和切削,常用于制造链条、铆钉、螺栓、轴等。

2）中碳钢

中碳钢指含碳量 0.25%～0.60% 的碳素钢。有镇静钢、半镇静钢、沸腾钢等多种产品。除碳外还可含有少量锰（0.70%～1.20%）。按产品质量分为普通碳素结构钢和优质碳素结构钢。热加工及切削性能良好，焊接性能较差。强度、硬度比低碳钢高，而塑性和韧性低于低碳钢。可不经热处理，直接使用热轧材、冷拉材，亦可经热处理后使用。淬火、回火后的中碳钢具有良好的综合力学性能。能够达到的最高硬度约为 HRC55（HB538），σ_b 为 600～1 100 MPa。所以在中等强度水平的各种用途中，中碳钢得到最广泛的应用，机车上的多数机械零件是中碳钢制造的。

3）高碳钢

高碳钢常称工具钢，含碳量 0.60%～1.70%，可以淬硬和回火。常用工具中，手锤、撬棍等由含碳量 0.75% 的钢制造；切削工具如钻头、丝锥、铰刀等由含碳量 0.90%～1.00% 的钢制造。

2. 按钢的品质分类

按钢的品质，碳素钢可分为普通碳素钢和优质碳素钢。

1）普通碳素结构钢

又称普通碳素钢，对含碳量、性能范围以及磷、硫和其他残余元素含量的限制较宽。按照品质分为三类：甲类钢（A 类钢），是保证力学性能的钢；乙类钢（B 类钢），是保证化学成分的钢；特类钢（C 类钢），是既保证力学性能又保证化学成分的钢，常用于制造较重要的结构件。我国目前生产和使用最多的是含碳量在 0.20% 左右的 A3 钢（甲类 3 号钢），主要用于工程结构。

有的碳素结构钢还添加了微量的铝或铌（或其他碳化物形成元素），形成氮化物或碳化物微粒，以限制晶粒长大，使钢强化，节约钢材。为适应专业用钢的特殊要求，对普通碳素结构钢的化学成分和性能进行调整，从而发展了一系列普通碳素结构钢的专业用钢（如桥梁、建筑、钢筋、压力容器用钢等）。

2）优质碳素结构钢

和普通碳素结构钢相比，优质碳素结构钢中硫、磷及其他非金属夹杂物的含量较低。根据含碳量和用途的不同，这类钢大致又分为三类：

（1）含碳量小于 0.25% 为低碳钢，其中尤其是含碳量低于 0.10% 的 08F、08Al 等，由于其具有很好的深冲性和焊接性而被广泛地用作深冲件，如汽车、制罐等。20 石墨则是制造普通锅炉的主要材料。此外，低碳钢也广泛地作为渗碳钢，用于机械制造业。

（2）0.25%～0.60% C 为中碳钢，多在调质状态下使用，用于制作机械制造工业的零件。

（3）大于 0.6% C 为高碳钢，多用于制造弹簧、齿轮、轧辊等。根据含锰量的不同，又可分为普通含锰量（0.25%～0.8%）和较高含锰量（0.7%～1.0% 和 0.9%～1.2%）两钢组。锰能改善钢的淬透性，强化铁素体，提高钢的屈服强度、抗拉强度和耐磨性。通常在含锰高的钢的牌号后附加标记"Mn"，如 15Mn、20Mn 以区别于正常含锰量的碳素钢。

3. 按用途分类

按用途，碳素钢可分为碳素结构钢、碳素工具钢。

1）碳素工具钢

含碳量在 0.65%～1.35% 之间，经热处理后可得到高硬度和高耐磨性，主要用于制造各种工具、刃具、模具和量具。

2）碳素结构钢

含碳量约 0.05%～0.70%，个别可高达 0.90%。可分为普通碳素结构钢和优质碳素结构钢两类。前者含杂质较多，价格低廉，用于对性能要求不高的地方，强度较低，但塑性、韧性、冷变形性能好。除少数情况外，一般不作热处理，直接使用。多制成条钢、异型钢材、钢板等。用途很多，用量很大，主要用于铁道、桥梁、各类建筑工程，制造承受静载荷的各种金属构件及不重要不需要热处理的机械零件和一般焊接件。

优质碳素结构钢钢质纯净，杂质少，力学性能好，可经热处理后使用。含碳量在 0.25% 以下，多不经热处理直接使用，或经渗碳、碳氮共渗等处理，制造中小齿轮、轴类、活塞销等；含碳量在 0.25%～0.60%，典型钢号有 40、45、40Mn、45Mn 等，多经调质处理，制造各种机械零件及紧固件等；含碳量超过 0.60%，如 65、70、85、65Mn、70Mn 等，多作为弹簧钢使用。

二、碳素钢牌号的命名方法

1. 碳素结构钢

国家标准《碳素结构钢》(石墨 B 700—88)中规定，牌号由代表屈服点的字母、屈服点数值、质量等级符号、脱氧方法四部分按顺序组成。其中以"Q"代表屈服点；屈服点数值共分 195 MPa、215 MPa、235 MPa、255 MPa 和 275 MPa 五种；质量等级以硫、磷等杂质含量由多到少，分别为 A、B、C、D 符号表示；脱氧方法以 F 表示沸腾钢，b 表示半镇静钢，Z、TZ 表示镇静钢和特殊镇静钢，Z 和 TZ 在钢的牌号中予以省略。随着牌号的增大，对钢材屈服强度和抗拉强度的要求增大，对拉长率的要求降低。

例如：Q235-A·F 表示屈服点为 235 MPa 的 A 级沸腾钢。

随着牌号的增大，其含碳量增加，强度提高，塑性和韧性降低，冷弯性能逐渐变差。同一钢号内质量等级越高，钢材的质量越好，例如，Q235C、Q235D 级优于 Q235A、Q235B 级。

2. 优质碳素结构钢

优质碳素结构钢的牌号用两位数字表示，这两位数字是钢平均含碳量质量的万分比，例如：08 钢表示平均含碳量 0.08%，20 钢表示平均含碳量 0.20%，优质碳素结构钢按含锰量的不同分为普通含锰量（0.08%～0.8%）和较高含锰量（0.7%～1.2%）两组。对含锰量较高的一组，牌号数字后面应附加"Mn"，以示与普通含锰量的区别，如 15Mn、20Mn 等。如为沸腾钢，则在牌号数字后面加"F"，如 08F、15F 等。

3. 专门用途的碳素钢

专门用途的碳素钢应在牌号尾部加代表用途的符号。制作锅炉或压力容器的专用碳素钢应在牌号后尾附加"锅炉"的汉语拼音字首＋C 或"容器"的汉语拼音字首 R，例如 20C、20R。

4. 碳素铸钢

铸钢牌号用"铸钢"的汉语拼音字首 Z + G 表示,后面两组数字分别表示该铸钢的 σ_s 和 σ_b 值,例如 ZG 200-400 和 ZG 270-500 等。

5. 碳素工具钢

碳素工具钢编号是在"碳"字的汉语拼音字首"T"之后附加数字表示,数字表示平均含碳量质量的千分比,如 T8、T12,分别表示含碳量 0.8% 和 1.2% 的碳素工具钢。如为高级优质碳素工具钢,则在数字后面加 A,如 T8A、T12A 等。

【扩展阅读】 铁碳合金

碳素钢的主要成分是铁和碳,二者并不是孤立存在的,而是以铁碳合金的形式存在,是以铁和碳为组元的二元合金。

合金的性能比纯金属的优异,主要是因为合金的结构与组织与纯金属不同,而合金的组织是合金结晶后得到的,合金相图就是反映合金结晶过程的重要资料,也是制定各种热加工工艺的重要理论依据。

一、几个重要概念

1. 相

指具有相同结构、相同成分和性能(也可以是连续变化的),并以界面相互分开的均匀组成部分,例如,液相、固相是两个不同的相。在室温时只由一个相组成的合金称为单相合金,由两个相组成的合金称为两相合金。由多个相组成的合金称为多相合金。

2. 组织

指用肉眼或显微镜观察到的材料内部形貌图像,一般用肉眼观察到的称为宏观组织,用显微镜放大后观察到的组织称为微观组织。

材料的组织是由相组成的,当组成相的数量、大小、形态和分布不同时,其组织也就不同。从而导致其性能不同,因此可以通过改变合金的组织来改变合金的性能。

3. 合金系

由给定的若干组元按不同的比例配制成的一系列不同成分的合金,为一个合金系统,简称为合金系。如由 A、B 两个组元配制成的称为 A-B 二元系,同样由三个组元或多个组元配制成的称为三元系合金或多元系合金,本章主要介绍二元系合金的有关知识。

由于组成合金的各组元的结构和性质不同,因此它们在组成合金时,它们之间的相互作用也就不同,所以它们之间可以形成许多不同的相。但按这些相的结构特点,可以将它们分为两大类:即固溶体和金属间化合物。

固溶体的主要特点是:其晶体结构与溶剂组元的结构相同;而金属间化合物的主要特点是其晶体结构与两组元的结构均不相同,而是一种新的晶体结构。

4. 固溶体

固溶体是指由两种或两种以上组元在固态下相互溶解而形成的具有溶剂晶格结构的单一的、均匀的物质。固溶体中含量较多的并保留原有晶格结构的组元称为溶剂;固溶体中含量较少的并失去原有晶格结构的组元称为溶质。

1）固溶体按溶质原子占据的位置不同分类

（1）置换固溶体：是溶质原子占据溶剂晶格中某些结点位置而形成的固溶体，它主要在金属元素之间形成。

（2）间隙固溶体：是溶质原子占据溶剂晶格间隙而形成的固溶体，它主是由原子半径很小（<0.1 nm）的非金属元素氢、氧、氮、碳、硼与金属元素之间形成。

2）固溶体按溶质原子的溶解度分类

（1）有限固溶体。其溶质原子在溶剂晶格中的溶解量具有一定的限度，超过该限度，它们将形成其它相。例如，间隙固溶体只能是有限固溶体，因为晶格间隙是有限的。又如，碳在面心立方的 γ-Fe 中的最大固溶度为 2.11%（质量），而在体心立方中最大只能溶解 0.021 8%，但体心立方晶格的致密度比面心立方的低，理应具有较高的溶解度。此例说明，间隙固溶体的溶解度与溶剂的晶格类型有关，不同的晶格类型其间隙的大小和类型也不相同，另外还发现，随着温度的升高，固溶体的溶解度增大，而随着温度的降低，固溶体的溶解度会减小。这样，在高温时具有较大溶解度的固溶体到低温时会从中析出新相（多余的溶质与部分溶剂所形成）。

（2）无限固溶体。即溶质能以任意比例溶入溶剂所形成的固溶体，其溶解度可达 100%，即两组元可连续无限置换。

但并不是所有的置换固溶体都能形成无限固溶体，只有当两组元具有相同的晶格类型，并且原子尺寸相差不大，负电性相近（在元素周期表中比较靠近）时，才可能形成无限固溶体。即使形成有限固溶体，它们之间的溶解度也较大。

3）固溶体按溶质原子在晶格中的分布状态分类

（1）无序固溶体：溶质原子占据溶剂晶格结点的位置是随机的、任意的和不固定的。

（2）有序固溶体：溶质原子只占据溶剂晶格结点的某几个固定位置，这样的固溶体也称为超结构或超点阵固溶体。

5. 金属间化合物

两组元在组成合金时，当它们的溶解度超过固溶体的极限溶解度后，将形成新的合金相，这种新相一般称为化合物。化合物通常可以分为金属间化合物和非金属化合物。

1）金属间化合物

是指两组元（金属之间、金属与类金属 Pb、Sn、Bi、Sb 等或少数非金属）在一定成分范围内，形成的不同于原两组元晶体结构，并具有金属特性的物质。

2）非金属化合物

是指金属与非金属、非金属与非金属之间形成的、不同于原两组元晶体结构的、没有金属特性的物质，如 FeS、MnS、NaCl 等，它们在金属材料中的数量很少，以杂质形式存在，通常称为非金属夹杂物，但它们的存在对金属材料性能的影响却很坏。这在后面章节将介绍，下面我们着重介绍金属间化合物。

3）金属间化合物的一般特点

金属间化合物是在固溶体达到极限溶解度后形成的，它一般处在合金相图的中间部位，故又称为中间相。它的特点是结合键具有多样性，晶体结构与两组元不同，并且有多样性，高的熔点、硬度和脆性，当在合金中分布合理时，可起强化相作用，能提高金属材料的强度、硬度、耐磨性和耐热性；但当它在金属中的数量过多时，会使合金的塑性、韧性大大降低，所以它不能单独作为结构材料使用。

二、铁碳合金的基本组织

铁碳合金的基本组织有铁素体、奥氏体、渗碳体、珠光体和莱氏体。

1. 铁素体

碳溶入 α-Fe（温度在 912℃以下的纯铁）中形成的间隙固溶体称为铁素体（见图 2-1），用符号 F 表示。铁素体具有体心立方晶格，这种晶格的间隙分布较分散，所以间隙尺寸很小，溶碳能力较差，在 727 ℃时碳的溶解度最大为 0.0218%，室温时几乎为零。铁素体的塑性、韧性很好（$\delta = 30\% \sim 50\%$、$\alpha_K = 160 \sim 200$ J/cm^2），但强度、硬度较低（$\sigma_b = 180 \sim 280$ MPa、$\sigma_s = 100 \sim 170$ MPa、硬度为 50～80 HBS）。

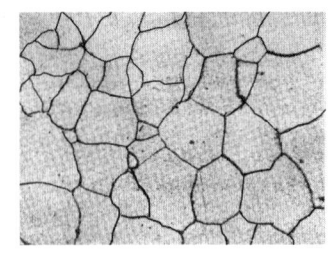

图 2-1 铁素体的显微组织（200×）

2. 奥氏体

碳溶入 γ-Fe（将纯铁加热，当温度到达 912 ℃时，由 α-Fe 转变为 γ-Fe）中形成的间隙固溶体称为奥氏体（见图 2-2），用符号 A 表示。奥氏体具有面心立方晶格，其致密度较大，晶格间隙的总体积虽较铁素体小，但其分布相对集中，单个间隙的体积较大，所以 γ-Fe 的溶碳能力比 α-Fe 大，727 ℃时溶解度为 0.77%，随着温度的升高，溶碳量增多，1 148 ℃时其溶解度最大为 2.11%。

奥氏体常存在于 727 ℃以上，是铁碳合金中重要的高温相，强度和硬度不高，但塑性和韧性很好（$\sigma_b \approx 400$ MPa、$\delta \approx 40\% \sim 50\%$、硬度为 160～200 HBS），易锻压成形。

3. 渗碳体

渗碳体是铁和碳相互作用而形成的一种具有复杂晶体结构的金属化合物，常用化学分子式 Fe$_3$C 表示。渗碳体中碳的质量分数为 6.69%，熔点为 1 227 ℃，硬度很高

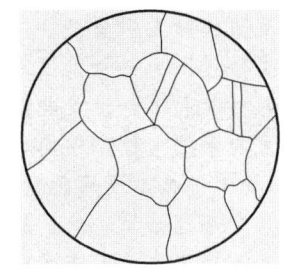

图 2-2 奥氏体的显微组织示意图

（800 HBW），塑性和韧性极低（$\delta \approx 0$、$\alpha_K \approx 0$），脆性大。渗碳体是钢中的主要强化相，其数量、形状、大小及分布状况对钢的性能影响很大。

4. 珠光体

珠光体是由铁素体和渗碳体组成的多相组织，用符号 P 表示。珠光体中碳的质量分数平均为 0.77%，由于珠光体组织是由软的铁素体和硬的渗碳体组成，因此，它的性能介于铁素体和渗碳体之间，即具有较高的强度（$\sigma_b = 770$ MPa）和塑性（$\delta = 20\% \sim 25\%$），硬度适中（180 HBS）。

5. 莱氏体

碳的质量分数为 4.3% 的液态铁碳合金冷却到 1 148 ℃时，同时结晶出奥氏体和渗碳体的多相组织称为莱氏体，用符号 Ld 表示。在 727 ℃以下莱氏体由珠光体和渗碳体组成，称为变态莱氏体，用符号 Ld' 表示。莱氏体的性能与渗碳体相似，硬度很高，塑性很差。

三、Fe–Fe$_3$C 相图

1. 相图中的主要特性线

Fe-Fe$_3$C 相图如图 2-3 所示。

ACD 线为液相线，在 ACD 线以上合金为液态，用符号 L 表示。液态合金冷却到此线时开始结晶，在 AC 线以下结晶出奥氏体，在 CD 线以下结晶出渗碳体，称为一次渗碳体，用符号 Fe$_3$C$_I$ 表示。

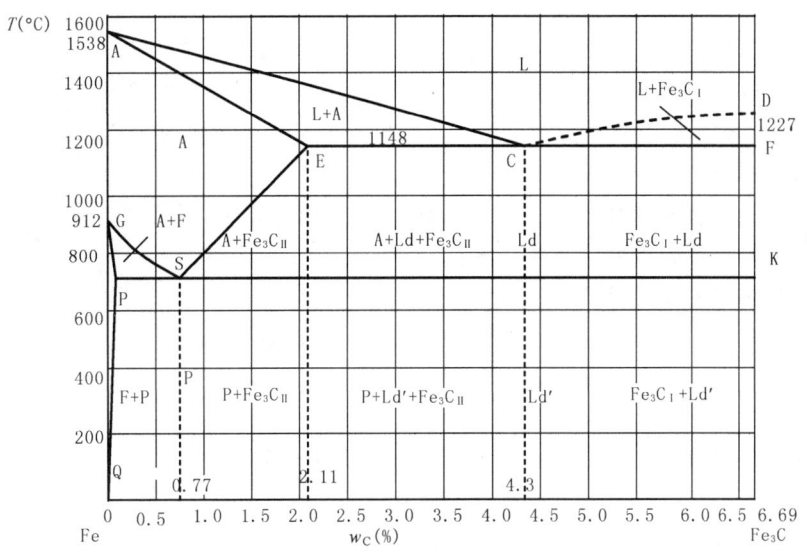

图 2-3 简化的 Fe-Fe₃C 相图

AECF 线为固相线,在此线以下合金为固态。液相线与固相线之间为合金的结晶区域,这个区域内液体和固体共存。

ECF 线为共晶线,温度为 1 148 ℃。

PSK 线为共析线,又称 A1 线,温度为 727 ℃。即 S 点成分的奥氏体缓慢冷却到共析温度(727 ℃)时,同时析出 P 点成分的铁素体和渗碳体。共析转变后的产物称为珠光体,S 点称为共析点。凡是碳的质量分数为 0.0218%~6.69% 的铁碳合金均会发生共析转变。

ES 线是碳在 γ-Fe 中的溶解度曲线,又称 A_{cm} 线。碳在 γ-Fe 中的溶解度随温度的下降而减小,在 1 148 ℃ 时溶解度为 2.11%,到 727 ℃ 时降为 0.77%。

石墨 S 线,是冷却时由奥氏体中析出铁素体的开始线。PQ 线是碳在 α-Fe 中的固态溶解度曲线。

2. 相图中的主要特性点

S 点——共析转变点。C 点——共晶转变点。E 点——钢、铁分界点。

四、铁碳合金的分类

根据碳的质量分数和室温组织的不同,可将铁碳合金分为以下三类:

(1)工业纯铁,$w_C \leq 0.021\ 8\%$。

(2)钢,$0.021\ 8\% < w_C \leq 2.11\%$。根据室温组织的不同,钢又可分为三种:共析钢、亚共析钢、过共析钢。

(3)白口铁,$2.11\% < w_C < 6.69\%$。根据室温组织的不同,白口铁又可分为三种:共晶白口铁、亚共晶白口铁、过共晶白口铁。

【方案应用要点】

碳素钢的品类繁多,在选用时要考虑部件的工作环境和技术要求,同时还要考虑成本和使用寿命等因素。在部件制造的过程中通常还要对碳素钢进行热处理,以到达使用要求。

热处理是将金属材料放在一定的介质内加热、保温、冷却,通过改变材料表面或内部的金相组织结构,来控制其性能的一种金属热加工工艺。

【扩展阅读】

金属材料的性质主要决定于内部的显微组织（或称为金相组织）。即使化学成分相同的金属材料，施以不同的机械加工或热处理，其内部组织产生变化所显现的物理或机械性质，如硬度、抗拉强度等都会有明显的差异。

所谓热处理就是将金属材料进行适当的加热与冷却，同时控制温度、时间及速率来调整内部组织以达到所需求的性质的一种处理方式。

一、钢材热处理的主要目的

（1）使材料软化，以增进其韧性及延展性（正火、退火、球状化）。
（2）提高材料之强度、硬度（淬火和回火）。
（3）稳定材料性质、尺寸及形状，以防止进一步的变形（回火）。
（4）消除材料经铸造、加工、焊接等过程所形成的残留应力（低温退火）。
（5）材料表面硬化，以提高其耐磨性（渗碳或渗氮）。

二、钢材热处理的主要方法

1. 正火

将钢材或钢件加热到临界点 Ac_3 或 Ac_{cm} 以上的适当温度保持一定时间后在空气中冷却，得到珠光体类组织的热处理工艺。目的是将钢材因铸造或不正常热处理所产生的结晶组织标准化，以得到良好的机械性能。

2. 退火

将钢材加热至临界点 Ac_3 以上 20～40 ℃，保温一段时间后，随炉缓慢冷却（或埋在砂中或石灰中冷却）至 500 ℃ 以下，再在空气中冷却的热处理工艺。目的是降低硬度，改善切削性或常温加工性及消除锻造所产生的内应力。

球状化处理也是退火的一种。方法是将钢材加热到 723 ℃ 上下 20～30 ℃ 间反复加热，保持一段时间后在炉中冷却。可将钢材中板层状碳化物球状化，以改善其加工性及延展性。

3. 淬火

将钢材加热至临界点 Ac_3 以上，保持适当时间后，进行急速冷却。淬火可以阻止珠光体生成，得到高硬度的马氏体组织。进行淬火时，在临界区的冷却速度要快，但在危险区（100～300 ℃）的冷却速度要慢，才不会因热应力产生淬裂。冷却液包括油、水、盐水等。钢材经过淬火后，硬度增加，强度也随之增加，但韧性及延展性相对降低。

4. 回火

将经过淬火的工件加热到临界点 Ac_1 以下的适当温度并保持一定时间，随后用符合要求的方法冷却，以获得所需要的组织和性能的热处理工艺。回火使钢材淬火后的马氏体及残留奥氏体安定化，调节其机械特性（如强度、硬度及延展性），并使其得到适当的韧性。

5. 调质处理

一般习惯将淬火加高温回火相结合的热处理称为调质处理。调质处理广泛应用于各种重要的结构零件，特别是那些在交变负荷下工作的连杆、螺栓、齿轮及轴类等。调质处理后得到回火索氏体组织，它的机械性能均比相同硬度的正火索氏体组织为优。它的硬度取决于高温回火温度并与钢的回火稳定性和工件截面尺寸有关，一般在 HB200～350 之间。

6. 碳氮共渗

碳氮共渗是向钢的表层同时渗入碳和氮的过程。习惯上碳氮共渗又称为氰化，目前以中温气体碳氮共渗和低温气体碳氮共渗（即气体软氮化）应用较为广泛。中温气体碳氮共渗的主要目的是提高钢的硬度、耐磨性和疲劳强度。低温气体碳氮共渗以渗氮为主，其主要目的是提高钢的耐磨性和抗咬合性。

7. 渗碳

为了提高一些紧固件的表面硬度和耐磨性，将钢材加热至临界点 Ac_3 以上 30~50 ℃，使钢材与含碳物质接触，使碳渗入表面再淬火回火，称为渗碳。

方案二　采用合金结构钢

大多数机车零部件的工作环境都比较复杂，有些零部件要承受较大的载荷，采用普通碳素钢不能满足其技术要求。在碳素结构钢的基础上添加一些合金元素就形成了合金结构钢。与碳素结构钢相比，合金结构钢具有较高的淬透性，较高的强度和韧性。用合金结构钢制造的各类机械零部件具有优良的综合机械性能，从而保证了零部件安全地使用。

一、普通低合金结构钢

1. 用途

普通低合金结构钢（简称普低钢）是在低碳素结构钢的基础上加入少量合金元素（总 $w_{Me} < 3\%$）得到的钢。这类钢比相同碳质量分数的碳素钢的强度约高 10%~30%，因此又常被称为"低合金高强度钢"。这类钢被广泛应用于桥梁、船舶、管道、车辆、锅炉、建筑等方面，是一种常用的工程机械用钢。

与低碳钢相比，普低钢不但具有良好的塑性和韧性以及焊接工艺性能，而且还具有较高的强度，较低的冷脆转变温度和良好的耐腐蚀能力。因此，用普低钢代替低碳钢，可以减少材料和能源的损耗，减轻机车结构件的自重，增加可靠性，还可以安全地使用在北方高寒地区和要求抵抗腐蚀的部件。

2. 成分特点

（1）普低钢中碳的平均质量分数一般不大于 0.2%C（保证较好的塑性和焊接性能）。

（2）加入锰（是普低钢的主加元素）平均质量分数在（1.25~1.5)%Mn 之间。锰可以溶入铁素体起固溶强化作用，还可以通过对 Fe-Fe$_3$C 相图中 S 点影响，增加组织中珠光体的量并使之细化。

（3）加入硅也是为了起到固溶强化的作用，提高钢材的强度。

（4）加入铌、钒、钛等强碳化物形成元素，起到第二相弥散强化和阻碍奥氏体晶粒长大的作用。

（5）加入铜、磷等元素则是为了提高钢的抗腐蚀能力。

普低钢通常是在热轧或正火状态下使用，一般不再进行热处理。

二、易切削钢

为了提高钢的切削加工性能，常常在钢中加入一种或数种合金元素，形成了易切削钢，常用的合金元素有硫、铅、钙、磷等。硫与钢中的锰和铁有较大的亲和力，易形成 MnS（或 FeS）

夹杂物。含硫的夹杂物会使切屑容易脆断，还起到减摩作用，减少切屑和刀具的接触面积和黏附在刀刃上切屑的量，从而降低了切削力和切削热，降低了工件表面的粗糙度值，延长了刀具的使用寿命。但是，钢中硫的质量分数过高时，会形成低熔点共晶组织，产生热脆现象。因此，一般在易切削钢中，S% = (0.08～0.30)%，Mn% = (0.60～1.55)%，当硫化锰呈圆形均匀分布时，在降低热脆发生的同时，还可以进一步提高切削加工性能。

铅不溶于铁，当它以孤立的细小的颗粒（约 3um）均匀分布在钢中时，可以改善钢的切削加工性能。铅的加入会降低摩擦系数，使切屑变脆易断，降低切削热。铅对钢的冷热加工性无明显的不利影响，但当铅质量分数过高时，会造成偏析，恶化钢的性能，一般将铅控制在（0.15%～0.25%）Pb 范围之内。

钙在钢中能形成高熔点钙铝硅酸盐依附在刀具上构成一层薄薄的保护膜，降低刀具的磨损，延长其使用寿命。一般微量钙（0.001%～0.005%Ca）的加入就可以明显改善钢在高速切削下的切削工艺性能。

对切削加工性能要求较高的，可选用硫质量分数较高的 Y15；对焊接性能要求较高的，可选用硫质量分数较低的 Y12；对强度有较高要求的，可选用 Y30。车床丝杠一般选用锰质量分数较高的 Y40Mn；而在自动机床上加工的零件则大多选用低碳易切削钢。

三、渗碳钢

渗碳钢是指适宜进行渗碳处理，并经淬火和低温回火处理后，使零件表面硬度和耐磨性显著提高，而心部保持适当强度和良好韧性的结构钢。

1. 工作条件和性能要求

某些机械零件，如内燃机车的柴油机正对齿轮、凸轮轴、活塞销等，在工作时经常既承受强烈的摩擦磨损和交变应力的作用，又承受着较强烈的冲击载荷的作用，一般的低碳钢即使经渗碳处理也难以满足这样的工作条件。为此，在低碳钢的基础上添加一些合金元素形成合金渗碳钢，经渗碳和热处理后表面具有较高的硬度和耐磨性，心部则具有良好的塑性和韧性，同时达到了外硬内韧的效果，保证了比较重要的机械零件在复杂工作条件下的正常运行。

2. 化学成分

（1）C：0.10%～0.25%，可保证心部有良好的塑性和韧性。

（2）加入合金元素 Ni、Cr、Mn、B 等，作用是提高淬透性，强化铁素体，改善表面和心部的组织与性能。镍在提高心部强度的同时还能提高韧性和淬透性。

（3）加入微量的 Mo、W、V、Ti 等合金元素，是为了形成稳定的合金碳化物，防止渗碳时晶粒长大，提高渗碳层的硬度和耐磨性。

3. 热处理特点

预先热处理一般采用正火工艺，渗碳后热处理一般是淬火加低温回火，或是渗碳后直接淬火。

渗碳后工件表面碳的质量分数可达到（0.80%～1.05%）C，热处理后表面渗碳层的组织是回火马氏体＋合金碳化物＋残余奥氏体，硬度可达到（60～62）HRC。心部组织与钢的淬透性和零件的截面尺寸有关,全部淬透时为低碳回火马氏体+铁素体,硬度为(40~48)HRC。未淬透时为索氏体+铁素体,硬度为(25~40)HRC。

4. 常用渗碳钢

按淬透性的高低不同,合金渗碳钢可分为低、中、高淬透性钢三类。

1)低淬透性合金渗碳钢

有 15Cr、20Cr、20Mn2、20MnV 等,这类钢碳和合金元素总的质量分数(Me<2%)较低,淬透性较差,水淬临界直径约为 (20~35) mm,心部强度偏低。通常用来制造截面尺寸较小、受冲击载荷较小的耐磨件,如活塞销、小齿轮、滑块等。这类钢渗碳时心部晶粒粗化倾向大,尤其是锰钢,因此当它们的性能要求较高时,常常采用渗碳后再在较低的温度下加热淬火。

2)中淬透性合金渗碳钢

有 20CrMnTi、20CrMn、20CrMnMo、20MnVB 等。这类钢合金元素的质量分数($w_{Me} \leqslant 4\%$)较高,淬透性较好,油淬临界直径约为(25~60)mm,渗碳淬火后有较高的心部强度。可用来制作承受中等动载荷的耐磨件,如齿轮、花键轴套、齿轮轴、联轴节等。这类钢含碳化物形成元素 V、Cr 等,渗碳时晶粒长大倾向较小,可采用渗碳后直接淬火工艺,提高了生产效率,并且节约了能源。

3)高淬透性合金渗碳钢

有 18Cr2Ni4WA、20Cr2Ni4A 等。这类钢的合金元素的质量分数更高($w_{Me} \leqslant 7.5\%$),在铬、镍等多种合金元素的共同作用下,淬透性很高,油淬临界直径大于 100 mm,淬火和低温回火后心部有很高的强度。这类钢主要用来制作承受重载和强烈磨损的零件,如内燃机车的牵引齿轮、柴油机的曲轴和连杆等。

四、调质钢

经调质处理后使用的钢称为调质钢,根据其是否含合金元素分为碳素调质钢和合金调质钢。

1. 工作条件和性能要求

机车很多重要的机械零件如万向轴、主轴承螺栓、连杆等大多工作在受力复杂、负荷较重的条件下,要求具有较高水平的综合力学性能,即要求较高的强度与良好的塑性与韧性相配合。

不同的零件受力状况不同,其对性能要求的侧重也有所不同。整个截面受力都比较均匀的零件,如只受单向拉、压、剪切的连杆,要求截面处强度与韧性都要有良好的配合。截面受力不均匀的零件,如表层受拉应力较大、心部受拉应力较小的螺栓,则表层强度比心部就要求高一些。

2. 化学成分

调质钢一般是中碳钢,钢中碳的质量分数在(0.30%~0.50%)C 之间,碳含量过低,强度、硬度得不到保证;碳含量过高,塑性、韧性不够,而且使用时也会发生脆断现象。

合金调质钢的主加元素是铬、镍、硅、锰，它们的主要作用是提高淬透性，并能够溶入铁素体中使之强化，还能使韧性保持在较理想的水平。钒、钛、钼、钨等细化晶粒能提高钢的回火稳定性；钼、钨还可以减轻和防止钢的第二类回火脆性；微量硼对 C 曲线有较大的影响，能明显提高淬透性；铝则可以加速钢的氮化过程。

3．热处理特点

预先热处理采用退火或正火工艺，目的是改善锻造组织，细化晶粒，为最终热处理作组织上的准备。最终热处理是淬火 + 高温回火，淬火加热温度在 850 ℃ 左右，回火温度在 500 ~ 650 ℃ 之间。合金调质钢的淬透性较高，一般都在油中淬火，合金元素质量分数较高的钢甚至在空气中冷却也可以得到马氏体组织。为了避开第二类回火脆性发生区域，回火后通常进行快速冷却。

热处理组织是回火索氏体，某些零件除了要求良好的综合力学性能外，表面对耐磨性还有较高的要求，这样在调质处理后还可以进行表面淬火或氮化处理。

根据零件的实际要求，调质钢也可以在中、低温回火状态下使用，这时得到的组织是回火托氏体或回火马氏体。它们的强度高于调质状态下的回火索氏体，但冲击韧性值较低。

4．常用调质钢

合金调质钢可按其淬透性的高低分为三类。

（1）低淬透性合金调质钢

多为锰钢、硅锰钢、铬钢、硼钢，有 40Cr、40MnB、40MnVB 等。这类钢合金元素总的质量分数（Me < 2.5%）较低，淬透性不高，油淬临界直径约为 20 ~ 40 mm，常用来制作中等截面的零件，如柴油机曲轴、连杆、螺栓等。

（2）中淬透性合金调质钢

多为铬锰钢、铬钼钢、镍铬钢，有 35CrMo、38CrMoAl、38CrSi、40CrNi 等。这类钢合金元素的质量分数较高，油淬临界直径大于 40 ~ 60 mm，常用来制作大截面、重负荷的重要零件，如内燃机曲轴、变速箱主动轴等。

（3）高淬透性合金调质钢

多为铬镍钼钢、铬锰钼钢、铬镍钨钢，有 40CrNiMoA、40CrMnMo、25Cr 石墨 Ni4WA 等。这类钢合金元素的质量分数最高，淬透性也很高，油淬临界直径大于 60 ~ 100mm。铬和镍的适当配合，使此类钢的力学性能更加优异。主要用来制造截面尺寸更大、承受更重载荷的重要零件，如汽轮机主轴、叶轮、航空发动机轴等。

五、弹簧钢

用来制造各种弹性零件，如板簧、螺旋弹簧、钟表发条等的钢，称为弹簧钢。

1．工作条件和性能要求

弹簧是广泛应用于交通、机械、国防、仪表等行业及日常生活中的重要零件，在机车上应用较为广泛。主要工作在冲击、振动、扭转、弯曲等交变应力下，利用其较高的弹性变形能力来贮存能量，以驱动某些装置或减缓震动和冲击作用。因此，弹簧必须有较高的弹性极限和强度,以防止工作时产生塑性变形;弹簧还应有较高的疲劳强度和屈强比,以避免疲劳破坏;弹簧应该具有较高的塑性和韧性,以保证在承受冲击载荷条件下能正常工作;弹簧应具有较好的耐热性和耐腐蚀性,以便适应高温及腐蚀的工作环境;为了进一步提高弹簧的力学性能,它还应该具有较高的淬透性和较低的脱碳敏感性。

2. 化学成分

弹簧钢的碳质量分数在(0.40%~0.70%)C之间,以保证其有较高弹性极限和疲劳强度,碳含量过低,强度不够,易产生塑性变形;碳含量过高,塑性和韧性会降低,耐冲击载荷能力下降。碳素钢制成的弹簧件力学性能较差,只能做一些工作在不太重要场合的小弹簧。

合金弹簧钢中的主加合金元素是硅和锰,主要是为了提高淬透性和屈强比,硅的作用比较明显,但是硅会使弹簧钢热处理表面脱碳倾向增大,锰则会使钢易于过热。铬、钒、钨的加入为的是在减少弹簧钢脱碳、过热倾向的同时,进一步提高其淬透性和强度,可以提高过冷奥氏体的稳定性,使大截面弹簧得以在油中淬火,降低其变形、开裂的几率。此外,钒还可以细化晶粒;钨、钼能防止第二类回火脆性;硼则有利于淬透性的进一步提高。

3. 热处理特点

根据弹簧的尺寸和加工方法不同,可分为热成形弹簧和冷成形弹簧两大类,它们的热处理工艺也不相同。

1) 热成形弹簧的热处理

直径或板厚大于10~15 mm的大型弹簧件,多用热轧钢丝或钢板制成。先把弹簧加热到高于正常淬火温度50~80 ℃的条件下热卷成形,然后进行淬火+中温回火,获得具有良好弹性极限和疲劳强度的回火托氏体,硬度为(40~48)HRC。弹簧钢淬火加热应选用少、无氧化的设备如盐浴炉、保护气氛炉等,以防止氧化脱碳。弹簧热处理后一般还要进行喷丸处理,目的是强化表面,使表面产生残余压应力,提高疲劳强度,延长使用寿命。

2) 冷成形弹簧的热处理

直径小于8 mm的小尺寸弹簧件,常用冷拔钢丝冷卷成形。根据拉拔工艺不同,冷成形弹簧可以只进行去应力处理或进行常规的弹簧热处理。冷拉钢丝制造工艺及后续热处理方法有以下三种:

(1) 铅浴处理冷拉钢丝

先将钢丝连续拉拔三次,使总变形量达到50%左右,然后加热到Ac_3以上温度使其奥氏体化,随后在450~550 ℃的铅浴中等温,使奥氏体全部转化为索氏体组织,再多次冷拔至所需尺寸。这类弹簧钢丝的屈服强度可达1 600 MPa以上,而且在冷卷成形后不必再进行淬火处理,只要在200~300 ℃退火消除应力即可。

(2) 油淬回火钢丝

先将钢丝冷拉到规定尺寸,再进行油淬回火。这类钢丝强度虽不如铅浴处理的冷拉钢丝,但是其性能均匀一致。在冷卷成形后,只需要进行去应力回火处理,不再经过淬火回火处理了。

(3) 退火状态钢丝

将钢丝冷拉到所需尺寸,再进行退火处理。软化后的钢丝冷卷成形后,需经过淬火+中温回火,以获得所需的力学性能。

4. 常用弹簧钢

合金弹簧钢根据合金元素不同主要有两大类：

（1）硅、锰为主要合金元素的弹簧钢：65Mn、60Si2Mn 等，常用来制作大截面的弹簧。

（2）铬、钒、钨、钼等为主要合金元素的弹簧钢：50CrVA、60Si2CrVA 等，碳化物形成元素铬、钒、钨、钼的加入，能细化晶粒，提高淬透性，提高塑性和韧性，降低过热敏感性，常用来制作在较高温度下使用的承受重载荷的弹簧。

六、滚动轴承钢

用来制作各种滚动轴承零件如轴承内外套圈、滚动体（滚珠、滚柱、滚针等）的专用钢称为滚动轴承钢。

1. 工作条件和性能要求

滚动轴承在工作时，滚动体与套圈处于点或线接触方式，接触应力在 1 500 ~ 5 000 MPa 以上，而且是周期性交变承载，每分钟的循环受力次数达上万次，经常会发生疲劳破坏使局部产生小块的剥落。除滚动摩擦外，滚动体和套圈还存在滑动摩擦，所以轴承的磨损失效也是十分常见的。因此，滚动轴承必须具有较高的淬透性，高且均匀的硬度和耐磨性，良好的韧性、弹性极限和接触疲劳强度，在大气及润滑介质下有良好的耐蚀性和尺寸稳定性。

2. 化学成分

滚动轴承钢的碳的质量分数较高，一般在（0.95% ~ 1.10%）C 之间，以保证其获得高强度、高硬度和高耐磨性。

铬是滚动轴承钢的基本合金元素，其质量分数为（0.4% ~ 1.05%）Cr。铬的主要作用是提高淬透性和回火稳定性，铬能与碳作用形成细小弥散分布的合金渗碳体，可以使奥氏体晶粒细化，减轻钢的过热敏感性，提高耐磨性，并能使钢在淬火时得到细针状或隐晶马氏体，使钢在保持高强度的基础上增加韧性。

但铬的含量不易过高，否则淬火后残余奥氏体的量会增加，碳化物呈不均匀分布，导致钢的硬度、疲劳强度和尺寸稳定性等降低。对大型轴承（如钢珠直径超过 30 ~ 50 mm 的滚动轴承）而言，还可以加入硅、锰、钒，进一步提高淬、强度、耐磨性和回火稳定性。

滚动轴承钢的接触疲劳强度等对杂质和非金属夹杂物的含量和分布比较敏感，因此，必须将硫、磷的质量分数分别控制在 0.02%S 和 0.02%P 之内，氧化物、硫化物、硅酸盐等非金属夹杂物含量和分布控制在规定的级别之内。

3. 热处理特点

滚动轴承的预先热处理采用球化退火，目的是得到细粒状珠光体组织，降低锻造后钢的硬度，使其不高于 210HBS，以提高切削加工性能，并为零件的最终热处理作组织上的准备。

滚动轴承钢的最终热处理一般是淬火 + 低温回火，淬火加热温度严格控制在 820 ~ 840 ℃，150 ~ 160 ℃ 回火组织应为回火马氏体 + 细小粒状碳化物 + 少量残余奥氏体，硬度为（61 ~ 65）HRC。

对于尺寸性稳定要求很高的精密轴承，可在淬火后于 – 80 ~ – 60 ℃ 进行冷处理，消除应力和减少残余奥氏体的量，然后再进行回火和磨削加工，为进一步稳定尺寸，最后采用低温时效处理（120~130）℃保温 5~10 h。

4．常用滚动轴承钢

我国的滚动轴承钢大致可分为两类：

1）铬轴承钢

目前我国的轴承钢多属此类钢，其中最常见的是石墨 Cr15，除用作中、小轴承外，还可制成精密量具、冷冲模具和机床丝杠等。

2）其他轴承钢——含硅、锰等合金元素的轴承钢

为了提高淬透性，在制造大型和特大型轴承时常在铬轴承钢的基础上添加硅、锰等，如石墨 Cr15SiMn。

3）无铬轴承钢

为节约铬，我国制成只有锰、硅、钼、钒而不含铬的轴承钢，如石墨 SiMnV、石墨 SiMnMoV 等，与铬轴承钢相比，其淬透性、耐磨性、接触疲劳强度、锻造性能较好，但是脱碳敏感性较大且耐蚀性较差。

4）渗碳轴承钢

为进一步提高耐磨性和耐冲击载荷，可采用渗碳轴承钢，如用于中小齿轮、轴承套圈、滚动件的石墨 20CrMo、石墨 20CrNiMo。

【扩展阅读】 合金钢的牌号

我国合金钢牌号按碳含量、合金元素种类和含量、质量级别和用途来编排。

牌号首部用数字表明碳含量，为区别用途，低合金钢、合金结构钢用两位数表示平均含碳量的万分比；高合金钢、不锈耐酸钢、耐热钢用一位数表示平均含碳量的千分比，当平均含碳量小于千分之一时用"0"表示。含碳量小于万分之三时用"00"表示，牌号的第二部分用元素符号表明钢中的主要合金元素，含量由其后数字标明，当平均含量小于 1.5% 时不标数字；平均含量为 1.5%~2.49% 时，标数字 2；平均含量为 2.5%~3.49% 时，标数字 3，之后类推。高级优质合金钢在牌号尾部加 A，专门用途的低合金钢、合金结构钢在牌号尾部加代表用途的符号。

例如，16MnR，表明该合金钢平均含碳量 0.16%，平均含锰量小于 1.5%，是压力容器专用钢；09MnNiDR，表明该合金钢平均含碳量 0.09%，锰、镍平均含量均小于 1.5%，是低温压力容器专用钢；0Cr18Ni9Ti，表明该合金钢属高合金钢，含碳量小于 0.1%，含铬量为 17.5%~18.49%，含镍量为 8.5%~9.49%，含钛量小于 1.5%。

方案三 采用铸铁

机车上有些部件是浇铸成形的，如气缸盖、一些部件的壳体等，这类部件一般采用铸铁制造。铸铁是含碳量在 2% 以上的铁碳合金，工业用铸铁一般含碳量为 2%~4%。碳在铸铁中多以石墨形态存在,有时也以渗碳体形态存在。除碳外,铸铁中还含有1%~3%的硅以及锰、磷、硫等元素。合金铸铁还含有镍、铬、钼、铝、铜、硼、钒等元素。碳、硅是影响铸铁显微组织和性能的主要元素。

一、铸铁的特点及分类

1. 特点

含碳量大于2.11%wt的铁碳合金称为铸铁,其特点是含有较高的C和Si,同时也含有一定的Mn、P、S等杂质元素。常用铸铁的成分为:2.5%~4.0%C,1.0%~3.0%Si,0.5%~1.4%Mn,0.01%~0.50%P,0.02%~0.20%S。为提高铸铁性能,常加入合金元素Cr、Mo、V、Cu、Al等形成合金铸铁。

铸铁中C、Si含量较高,C大部分甚至全部以游离状态石墨(G)形式存在。

铸铁的缺点是由于石墨的存在,使它的强度、塑性及韧性较差,不能锻造,优点是其接近共晶成分,具有良好的铸造性;由于游离态石墨存在,使铸铁具有高的减摩性、切削加工性和低的缺口敏感性。目前,许多重要的机械零件能够用球墨铸铁来代替合金钢。

2. 分类

1)根据C的存在形式分类

根据C的存在形式,可以将铸铁分为:

(1)白口铸铁:C全部以渗碳体形式存在,如共晶铸铁组织为Ld′,断口白亮,硬而脆,很少应用。

(2)灰口铸铁:C大部分或全部以石墨形式存在,如共晶铸铁组织为F+G、F+P+G、P+G,断口暗灰,广泛应用。

(3)麻口铸铁:C大部分以渗碳体形式存在,少部分以石墨形式存在,如共晶铸铁组织为Ld′+P+石墨,断口灰白相间,硬而脆,很少应用。

2)根据石墨形态分类

根据石墨形态,灰口铸铁可以分为:

(1)普通灰口铸铁:石墨呈片状。
(2)孕育铸铁:石墨呈细片状。
(3)可锻铸铁:石墨呈团絮状。
(4)蠕墨铸铁:石墨呈蠕虫状。
(5)球墨铸铁:石墨呈球状。

根据金属基体组织不同,灰口铸铁又可分为:F、F+P及P灰口铸铁。

二、铸铁的石墨化

铸铁的强度、硬度、塑性及韧性极低。从热力学的角度讲,石墨为稳定态,而Fe_3C为亚稳态。冷却速度非常缓慢或加入石墨化元素,可促使碳按石墨转变,当冷却速度较快时,由于成分起伏及结构起伏(L、A和Fe_3C的成分更接近)的原因,也可析出渗碳体。

1. 铸铁石墨化过程

铸铁中石墨的形成过程称为石墨化过程，大致分为两个阶段。

（1）第一阶段：从液体 L 相中析出的一次石墨（G_I）和共晶转变形成的共晶石墨以及 Fe_3C_I 和共晶 Fe_3C 分解出的石墨。

（2）第二阶段：在共晶温度至共析温度之间析出的二次石墨（G_{II}）和共析石墨以及 Fe_3C_{II} 和共析 Fe_3C 分解出的石墨。

高温时，石墨化过程进行比较完全；低温时，若冷却速度较快，石墨化过程将部分或全部被抑制。因此，灰口铸铁在室温下将可能得到 P+G、F+P+G、F+G 等组织。

2. 影响铸铁石墨化因素

主要化学成分、冷却速度及铁水处理等因素。

1）化学成分

合金元素可以分为促进石墨化元素和阻碍石墨化元素，顺序为：Al、C、Si、Ti、Ni、P、Co、Zr、Nb、W、Mn、S、Cr、V、Fe、MG、Ce、B 等。其中，Nb 为中性元素，向左促进程度加强，向右阻碍程度加强。

C 和 Si 是铸铁中主要的强烈促进石墨化元素，为综合考虑它们的影响，引入碳当量 $C_E = C\% + 1/3Si\%$，一般 $C_E ≈ 4\%$，接近共晶点。S 是强烈阻碍石墨化元素，降低铸铁的铸造和力学性能，控制其含量。

2）冷却速度

冷速越快，不利于铸铁的石墨化，这主要取决于浇注温度、铸型材料的导热能力及铸件壁厚等因素。冷速过快，第二阶段石墨化难以充分进行。

3. 石墨与基体对铸铁性能的影响

石墨的数量、大小、形状及分布：

（1）数量：石墨破坏基体连续性，减小承载面积，是应力集中和裂纹源，故石墨越多，抗拉强度、塑性及韧性越低。

（2）大小：越粗，局部承载面积越小，越细，应力集中越大，均使性能下降，故有适合尺寸（长度 0.03～0.25 mm）。

（3）分布：越均匀，性能越好。

（4）由片状至球状，强度、塑性及韧性均提高。

三、常用铸铁

1. 灰口铸铁

灰口铸铁中的石墨呈片状分布，分为普通灰口铸铁和孕育铸铁。

1）灰口铸铁的牌号、成分与组织

（1）牌号：新标准石墨 B5612-85，HT（灰铁）+ 三位数字（最低 σ_b）。其中，HT100 为 F

基，HT150 为 F+P 基，HT200~250 为 P 基，HT250~350 为孕育铸铁。

（2）成分：2.5%~3.6%C，1.1%~2.5%Si，0.6%~1.2%Mn 及少量 S 和 P。

（3）组织：石墨呈片状，按基体分为 F、F+P 及 P 灰口铸铁，分别适用于低、中、较高负荷。

2）灰口铸铁的性能与应用

由于粗大片状的石墨存在，灰口铸铁的抗拉强度、塑性及韧性低，但其铁水流动性好、凝固收缩小、缺口敏感性小、抗压强度高、切削加工性好，并且具有减摩及消震作用。

3）灰口铸铁的孕育处理

加入 0.3%~0.8% 硅铁，经孕育剂处理的孕育铸铁具有更高的性能，用于制造承受高载荷的结构件。

4）灰口铸铁的热处理

只能改变基体，而不能改变石墨的形态和分布，强化效果不如钢和球墨铸铁。

（1）消除内应力退火（人工时效）

为消除内应力引起的变形或开裂，将铸件缓慢加热（60~100 ℃/h）至 500~550 ℃ 保温一段时间（每 10 mm 保温 2 h），然后随炉缓冷（20~40 ℃/h）至 150~200 ℃ 出炉空冷。

（2）高温石墨化退火

为消除表面或薄壁处的白口组织，降低硬度，改善切削加工性，将铸件加热至 850~950 ℃ 保温 1~4 h（A+石墨），使部分渗碳体分解为石墨，然后随炉缓冷至 400~500 ℃ 以下出炉空冷。高温退火得到 F 或 F+P 基灰口铸铁。

（3）正火

为消除白口和提高强度、硬度及耐磨性，将铸件加热至 850~950 ℃，保温 1~3 h，然后出炉空冷，最后得到 P 基灰口铸铁。

（4）表面淬火

为提高表面强度、硬度、耐磨性及疲劳强度，通过表面淬火使铸件表层得到细 M 和 G 的硬化层。一般选用孕育铸铁，基体最好为 P 组织。

2. 可锻铸铁

由一定成分的白口铸铁经石墨化退火使渗碳体分解为团絮状石墨的一种高强度灰口铸铁，分为黑心可锻铸铁（F 基）、珠光体可锻铸铁（P 基）及白心可锻铸铁（表层氧化脱碳，少用）。可锻铸铁的强度、韧性，特别是塑性高于普通灰口铸铁，实际不能锻造。

1）可锻铸铁的牌号、成分与组织

（1）牌号：按石墨 B978-67，KT（可铁）+ H、Z、B（黑心、珠光体、白心）+ 三位数字（最低 σ_b）+ 二位数字（最低 δ）。

（2）成分：可锻铸铁由两个矛盾的工艺组成，即先得到白口铁，再经石墨化退火得到可锻铸铁。因此，要适当降低石墨化元素 C、Si 和增加阻碍石墨化元素 Mn、Cr，化学成分为：2.4%~2.8%C，0.8%~1.4%Si，0.3%~0.6%Mn（珠光体可锻铸铁 1.0%~1.2%）。

（3）组织：基体为 F 和 P，石墨为团絮状。

2）可锻铸铁的石墨化退火

（1）黑心可锻铸铁：将白口铁加热至 950～1 000 ℃，保温约 15 h，共晶 $Fe_3C\to A+$ 团絮状石墨。从高温冷却至 720～750 ℃，$A\to$ 石墨$_{II}$，在这个温度区间以 3～5 ℃/h 速度通过共析温区，$A\to F+$ 团絮状石墨；也可在略低于共析温度保温 15～20 h，共析 $Fe_3C\to F+$ 团絮状石墨，最后得到 F 可锻铸铁。

（2）P 可锻铸铁：加热后冷却至 800～860 ℃，$A\to$ 石墨$_{II}$，然后出炉空冷使共析 Fe_3C 不分解，最后得到 P 可锻铸铁。

3）可锻铸铁的性能与应用

F 可锻铸铁塑性及韧性较好，P 可锻铸铁强度、硬度及耐磨性较高。

3. 球墨铸铁

球墨铸造铁始于 1948 年，我国于 1950 年开始研制镁石墨铸铁。由于石墨呈球状分布，球墨铸铁的性能远优于其他铸铁，应用甚广。

1）球墨铸铁的牌号、成分与组织

（1）牌号：按石墨 B1348-78，QT（球铁）+ 三位数字（最低 σ_b）+ 两位数字（最低 δ）。

（2）成分：强烈石墨化元素 C、Si 含量较高，$C_E\approx 4.5\%\sim 4.7\%$，属于过共晶。含碳量过低，球化不良；含碳量过高，石墨漂浮。一般采取"高碳低硅原则"。阻碍石墨化元素 Mn，有利与形成 P 基体，含量较低。S、P 限制很严。由球化剂残留的微量 MG 及 RE。化学成分一般为：3.6%～3.9%C，2.0%～3.0%Si，0.6%～0.7%Mn。

（3）组织：石墨呈球状分布于金属基体中，每个球是由若干个锥形石墨单晶体组成，这些单晶体是由共同的结晶核心沿径向生长而成。基体有 F、F+P、P 或通过热处理得到 S、T、M 等。

2）球墨铸铁的球化处理与孕育处理

将球化剂加入铁水中（一般放入浇包底部）的操作过程称为球化处理。常用的球化剂有镁、稀土及稀土镁合金。镁和稀土为强烈阻碍石墨化元素，为防止白口，同时进行孕育处理，孕育剂一般选用硅铁。

3）球墨铸铁的性能与应用

球铁具有优良的机械性能，石墨的圆整度越好、球径越小、分布越均匀，则性能越高。在"以铸代锻，以铁代钢"方面有广泛应用。

4）球墨铸铁的热处理

球铁的机械性能除与石墨有关外，主要取决于基体。通过热处理可以改变基体组织，提高性能。由于球铁中含有较多的 C、Si、Mn 等元素，决定了其热处理具有如下特点：① 石墨参与了相变过程；② 共晶（析）温度高于碳钢，奥氏体化温度和时间均高于碳钢；③ 可以大幅度调整 F 和 A 的相对量，得到不同比例的 F 和 P 基体组织。

（1）退火

消除内应力退火：同前所述。

高温石墨化退火：将铸件加热至 900～950 ℃保温 1～4 h（第一阶段石墨化），然后炉冷至 600～650 ℃ 出炉空冷。

低温石墨化退火：将铸件加热至 720~760 ℃ 保温 3~6 h，然后炉冷至 600 ℃ 出炉空冷。

目的是消除自由渗碳体（高温退火）或共析渗碳体（低温退火），得到 F 球铁，降低硬度，提高切削加工性。

（2）正火

高温正火（完全 A 化正火）：将铸件加热至 Ac_1^f + 50~70 ℃（880~900 ℃）保温 1~3 h，使基体全部 A 化，然后出炉空冷，获得 P 球铁。冷却时产生内应力，采用 550~600 ℃ 保温 2~4 h 空冷的回火消除。

低温正火（不完全 A 化正火）：将铸件加热至共析温度区间 Ac_1^s ~ Ac_1^f（820~860 ℃）保温 1~3 h，使基体部分 A 化，然后出炉空冷，获得 P+F 球铁。若内应力较大，采用同样的回火消除。

目的是细化组织，提高强度、硬度及耐磨性。

（3）调质

将铸件加热至 Ac_1^f + 30~50 ℃（860~900 ℃）保温 2~4 h，然后油淬，再经 550~600 ℃ 回火 4~6 h，获得回火 S 基体 + 球状石墨组织。

目的是提高综合机械性能。

（4）等温淬火

将铸件加热至 Ac_1^f + 30~50 ℃（860~900 ℃）保温一段时间，然后淬入 M_s 以上某一温度的盐浴中等温一段时间（一般 250~350 ℃，30~90 min），使过冷奥氏体转变为下贝氏体组织。

目的是提高综合力学性能。

4．特殊性能铸铁

在普通铸铁的基础上加入某些合金元素，可形成具有特殊性能的合金铸铁。

1）耐磨铸铁

（1）无润滑条件下使用的耐磨铸铁（抗磨铸铁）

白口铸铁，强度和韧性差，不能直接使用；合金白口铸铁，包括 P 合金白口铸铁和 M 合金白口铸铁；激冷铸铁，形成表面为白口，心部为灰口的组织；稀土镁中锰球墨铸铁，提高了强度和韧性，组织为 M 或下 B + A′ + K + 球状石墨。

（2）有润滑条件下使用的耐磨铸铁（减摩铸铁）

获得 P 基体组织，而石墨为良好的润滑剂，主要有高磷铸铁：在普通灰铸铁中加入 0.4%~0.7%P，形成高硬度呈断续网状分布的磷共晶。

2）耐热铸铁

铸铁耐热性：是指在高温下铸铁抵抗"氧化"和"生长"的能力。生长是指铸铁在反复加热和冷却时产生的不可逆体积长大现象，原因有：氧化性气体沿石墨片界面或裂纹渗入发生内氧化；渗碳体在高温下分解为石墨；基体组织发生相变。提高耐热性的主要途径有：

（1）加入 Cr、Al、Si 形成氧化膜，获得单相 F 基体；

（2）加入 Ni、Mn、Cu 获得单相 A 基体；

（3）加入 Cr、V、Mo、Mn 阻碍石墨化元素，以免高温时渗碳体分解为石墨；

（4）加入球化剂使石墨球化。

耐热合金铸铁的主要类型有硅系耐热铸铁，如 RT（热铁）Si5.5（5%~6%Si）和 RQTSi5.5；铝系耐热铸铁；铝硅系耐热铸铁；铬系耐热铸铁。

3）耐蚀铸铁

提高铸铁耐蚀性的主要途径有：

（1）加入 Cr、Al、Si 形成保护膜；

（2）加入 Cr、Si、Mo、Cu、Ni 提高 F 基体的电极电位；

（3）加入 Cr、Si、Ni 获得单相 F 或 A 基体；

（4）减少石墨数量，形成球状石墨。

耐蚀铸铁主要有高硅耐蚀铸铁、高铝耐蚀铸铁和高铬耐蚀铸铁，如 ST（蚀铁）Si15 及 SQTSi15。

方案四　采用有色金属及其合金

铁及其合金称为黑色金属，除此以外的称为有色金属，包括轻金属、重金属、贵金属、稀有金属及放射性金属。在机车上，有很多零部件采用有色金属或其合金制造，例如触头、换向器、框架等。

一、铝及铝合金

1. 工业纯铝

工业纯铝一般定为纯度为 99.0%~99.9% 的铝，我国定为纯度为 98.8%~99.7% 的铝。纯铝的密度为 2.72 g/cm^3，熔点为 660.37 ℃。

1）性能特点

密度小，熔点低，强度、硬度低，塑性、韧性高；具有优良的导电及导热性；具有优良的耐蚀性。

2）纯铝的牌号及用途

压力加工产品用 L 表示，后面的顺序号表示杂质含量的多少。工业纯铝一般为 L1~L7（99.7%~98%）。编号越大，纯度越低。

工业纯铝用途非常广泛，可用作电工铝，如母线、电线、电缆、电子零件；可作换热器、冷却器、化工设备；烟、茶、糖等食品和药物的包装用品，啤酒桶等深冲制品；在建筑上作屋面板、天棚、间壁墙、吸音和绝热材料，以及家庭用具、炊具等。

2. 铝合金

以铝为基体元素和加入一种或多种合金元素组成的合金。主要合金元素有铜、硅、镁、锌、锰，次要合金元素有镍、铁、钛、铬、锂等。铝合金是工业中应用最广泛的一类有色金属结构材料，在航空、航天、汽车、机械制造、船舶及化学工业中已大量应用。随着科学技术以及工业经济的飞速发展，对铝合金焊接结构件的需求日益增多。

纯铝的强度很低，不宜作结构材料。通过长期的生产实践和科学实验，人们逐渐以加入合金元素及运用热处理等方法来强化铝，这就得到了一系列的铝合金。添加一定元素形成的合金在保持纯铝质轻等优点的同时还能具有较高的强度，σ_b值分别可达 24～60 kgf/mm^2。这样使得其"比强度"（强度与比重的比值 σ_b/ρ）胜过很多合金钢，成为理想的结构材料，广泛用于机械制造、运输机械、动力机械及航空工业等方面，飞机的机身、蒙皮、压气机等常以铝合金制造，以减轻自重，高速动车组的车体就是采用铝合金制成。采用铝合金代替钢板材料的焊接，结构重量可减轻 50% 以上。

铝合金主要分为形变铝合金和铸造铝合金。

变形铝合金能承受压力加工。可加工成各种形态、规格的铝合金材。主要用于制造航空器材、建筑用门窗等。形变铝合金又分为不可热处理强化型铝合金和可热处理强化型铝合金。不可热处理强化型不能通过热处理来提高机械性能，只能通过冷加工变形来实现强化，它主要包括高纯铝、工业高纯铝、工业纯铝以及防锈铝等。可热处理强化型铝合金可以通过淬火和时效等热处理手段来提高机械性能，它可分为硬铝、锻铝、超硬铝和特殊铝合金等。

铸造铝合金按化学成分可分为铝硅合金，铝铜合金，铝镁合金，铝锌合金和铝稀土合金，其中铝硅合金又有过共晶硅铝合金，共晶硅铝合金，单共晶硅铝合金，铸造铝合金在铸态下使用。

一些铝合金可以采用热处理获得良好的机械性能、物理性能和抗腐蚀性能。

二、铜及铜合金

1. 纯铜（紫铜）

含铜量最高的铜，因为颜色紫红又称紫铜，主成分为铜加银，含量为 99.7%～99.95%；主要杂质元素：磷、铋、锑、砷、铁、镍、铅、锡、硫、锌、氧等。用于制作导电器材、高级铜合金、铜基合金。

1）结构与性能

纯铜密度为 8.94 g/cm^3，熔点为 1 083 ℃。无磁性，无同素异构转变，具有优良的导电、导热及耐蚀性（不耐硝酸和硫酸），具有较高的塑性及可焊性。

2）纯铜的牌号及用途

按氧含量和生产方法不同可分为：

（1）韧铜（工业纯铜）：含 0.02%～0.10% 的氧，用 T（铜）表示，牌号为 T1～T4，顺序号越大，纯度越低。

（2）无氧铜：含氧量＜0.003%，用 TU（无氧铜）表示，牌号为 TU1、TU2。

（3）脱氧铜：含氧量＜0.01%，用 TU + 脱氧剂化学符号表示，如 TUP、TUMn（磷脱氧铜和锰脱氧铜）。

2. 铜合金

以纯铜为基体加入一种或几种其他元素所构成的合金。根据加入合金元素的不同，分为黄铜、青铜和白铜。

1）黄铜

以 Zn 为主加元素的铜合金称为黄铜，分为 Cu-Zn 二元合金的普通（简单）黄铜和在 Cu-Zn 基础上加入其他合金元素形成的特殊（复杂）黄铜。

普通黄铜牌号：H（黄）+ 铜质量分数，如 H80。

特殊黄铜牌号：H（黄）+ 第一合金元素 + 铜质量分数-第一合金元素质量分数-第二合金元素质量分数，如 HAl59-3-2。

铸造黄铜牌号：ZCuZn + 锌（第一合金元素）质量分数 + 第二合金元素 + 第二合金元素质量分数，如 ZCuZn40Pb2。

2）青铜

Cu-Sn 合金是应用最早的青铜，现将除 Zn、Ni 以外的合金元素为主加元素的铜合金称为青铜，如锡青铜、铝青铜、铍青铜等。

压力加工青铜牌号：Q（青）+ 主加元素及含量 + 辅加元素含量，如 QAl5。

铸造青铜牌号：ZCu + 合金元素及含量，如 ZCuSn10。

3）白铜

以 Ni 为主加元素的铜合金称为白铜，分为普通（简单）白铜和特殊（复杂）白铜，也可分为耐蚀用白铜和电工用白铜。

普通白铜牌号：B（白）+ 镍质量分数，如 B30。

特殊白铜牌号：B（白）+ 第二合金元素 + Ni 质量分数 + 第二合金元素质量分数，如 BMn3-12。

【课后任务】

1. 查找资料，将机车上的零部件进行列表，标明其金属材料的牌号，并说明属于哪类金属材料。

2. 试分析球墨铸铁和合金钢的性能，举例说明球墨铸铁是否能代替合金钢。

模块三　机车部件的公差与配合

项目　如何选用活塞销孔，能够保证其功能和使用寿命？

【项目描述】

至 20 世纪末，经过粗略统计，由于活塞功能不佳，国产机车柴油机的单位容积功率比引进的国外同类 ND4、ND6 型机车柴油机低 20%，而且容易发生气缸拉伤、偏磨、敲缸振动、缸套穴蚀、活塞裂纹等问题，特别是第一道气环槽磨损过快促使活塞使用寿命缩短。这是柴油机的常见故障问题，是综合技术经济效果差的重要原因之一。经过分析发现，不论是形位公差还是尺寸公差，如果对其认真选用先进合理的标准值，活塞的功能就可大幅度提高，柴油机的单位容积功率和寿命就会大大提高，机车和轮船的安全运行可靠性就能得到保障。

方案一　合理选用活塞销孔的公差与配合

一、基本概念

1. 互换性

在机械和仪器制造工业中，零、部件的互换性是指在同一规格的一批零件或部件中，任取其一，无须任何挑选或附加修配（如钳工修理）就能装在机器上，达到规定的性能要求。零件具有互换性有利于组织协作和专业化生产，对保证产品质量、降低成本及方便装配、维修都有重要意义。

2. 公差与配合基本术语

1) 尺寸

尺寸是指用特定的单位表示长度值的数字。它表示长度的大小，由长度单位和数字组成，长度值包括直径、半径、宽度和中心距等，但不包括用角度表示的角度量。

2) 基本尺寸

基本尺寸是指设计给定的尺寸。一般由设计人员根据零件使用要求，通过计算或结构等方面的考虑，并按照标准圆整后确定的。如图 3-1 中的 $\phi 30$ mm。

3）实际尺寸

零件制成后，通过测量所得的尺寸即实际尺寸。在测量过程中，总有测量误差存在，因此实际尺寸并不一定是尺寸的真值。另外，由于零件的形状误差等影响，不同部位的尺寸也不一定相等（如在测量轮对时，需要多点测量）。

4）极限尺寸

极限尺寸是指允许零件实际尺寸变化的两个界限值，其中较大的一个尺寸称为最大极限尺寸，较小的一个尺寸称为最小极限尺寸。由于零件在生产加工过程中受各种因素的影响，即使是同一个操作者，在同一台设备上也无法使所加工的各零件的实际尺寸完全一致，总是存在误差。所以，设计人员就必须规定实际尺寸的变动范围。图 3-1 所示中，轴的最小极限尺寸是 ϕ29.980 mm，最大极限尺寸是 ϕ29.993 mm。实际尺寸只要在这两个极限尺寸之间均为合格，即如果加工出的轴的实际尺寸是 ϕ29.991 mm，则零件合格。

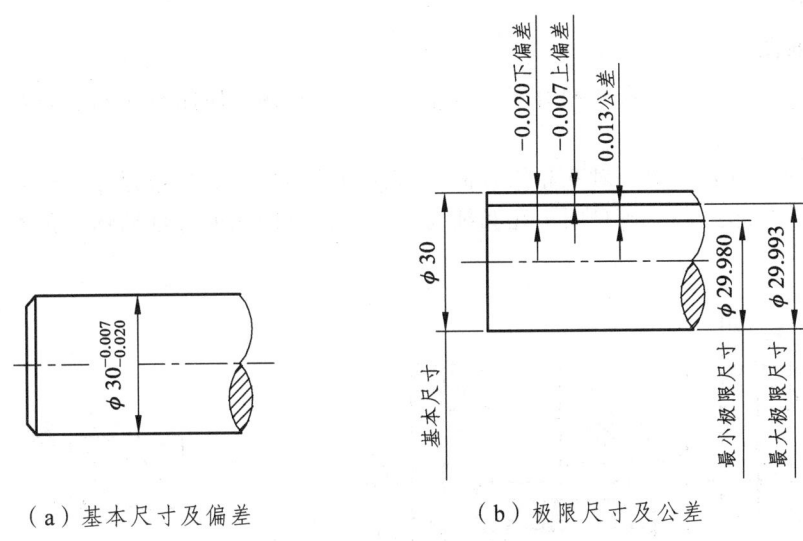

（a）基本尺寸及偏差　　　　（b）极限尺寸及公差

图 3-1　轴的基本尺寸和极限尺寸

5）尺寸偏差

某一尺寸（实际尺寸或极限尺寸）减其基本尺寸所得到的代数差称为尺寸偏差（简称偏差）。而极限尺寸有两个，所以极限偏差也有两个，分别是上偏差和下偏差。其中：

$$上偏差 = 最大极限尺寸 - 基本尺寸$$

$$下偏差 = 最小极限尺寸 - 基本尺寸$$

如图 3-1 所示的轴：

$$上偏差 = (29.993 - 30) \text{mm} = -0.007 \text{ mm}$$

$$下偏差 = (29.980 - 30) \text{mm} = -0.020 \text{ mm}$$

实际尺寸减其基本尺寸所得到的代数差称为实际偏差。由于实际尺寸可能大于、小于或等于基本尺寸，因此实际偏差可能为正、负或零。零件尺寸的实际偏差在上、下偏差之间均为合格。

国家标准规定：用代号 ES 和 es 分别表示孔和轴的上偏差；用代号 EI 和 ei 分别表示孔和轴的下偏差。

6）尺寸公差（简称公差）

尺寸公差是指允许的尺寸变动量，即：

$$公差 = 最大极限尺寸 - 最小极限尺寸$$

或

$$公差 = 上偏差 - 下偏差$$

如图 3-1 所示的轴：

$$公差 = (29.993 - 29.980)\ \text{mm} = 0.013\ \text{mm}$$

或

$$公差 = |-0.007 - (-0.020)|\ \text{mm} = 0.013\ \text{mm}$$

由于最大极限尺寸总是大于最小极限尺寸，所以公差总是正值，且不能为零。

在零件图上，凡是有公差要求的尺寸，通常不是标注两个极限尺寸，而是标注出基本尺寸和上、下偏差。

7）公差带图

公差带是表示公差大小和相对于零线位置的一个区域。用图所表示的公差带称为公差带图。

图 3-2（a）中表示了一对互相结合的孔与轴的基本尺寸、极限尺寸、偏差、公差的相互关系。为简化起见，一般只画出孔和轴的上、下偏差围成的方框简图，称为公差带图，见 3-2（b）。

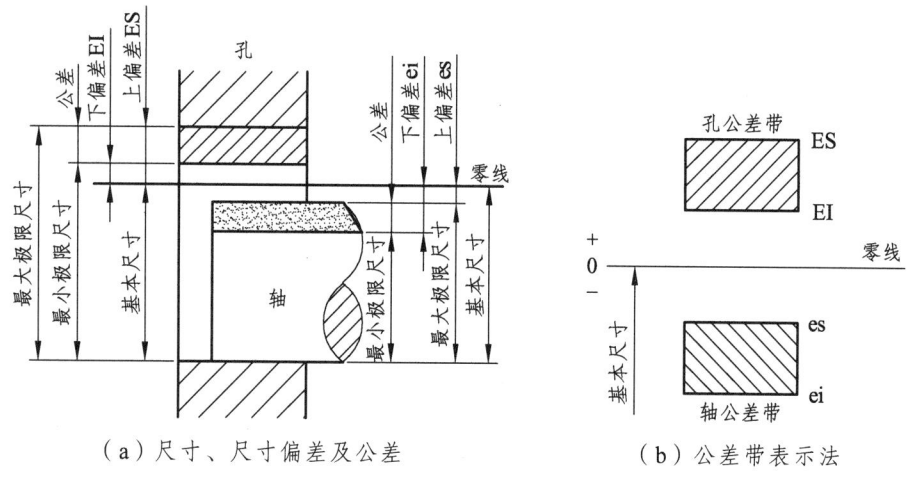

（a）尺寸、尺寸偏差及公差　　　　（b）公差带表示法

图 3-2　尺寸、尺寸偏差及公差带

在公差带图中，零线是表示基本尺寸的一条直线。当零线画成水平线时，正偏差位于零线的上方，负偏差位于零线的下方，偏差值的单位为微米（μm）。

3. 标准公差和基本偏差

国家标准《公差与配合》规定了公差带由标准公差和基本偏差两个要素组成。其中，标准公差确定公差带的大小，而基本偏差确定公差带的位置，见图 3-3。

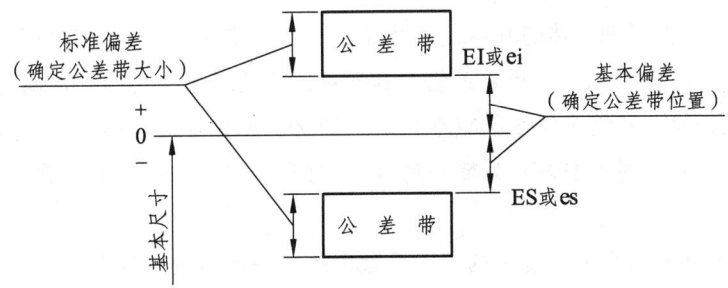

图 3-3　公差带的大小及位置

1）标准公差（IT）

标准公差的数值由基本尺寸和公差等级来决定。其中公差等级是确定尺寸精确程度的等级。标准公差分为 20 级，即 IT01，IT0，IT1，…，IT18。其尺寸精确程度从 IT01 到 IT18 依次降低。标准公差的具体数值可查表得到。

用类比法选择公差等级时，还应考虑以下问题：

（1）注意孔和轴的工艺等价性。孔和轴的工艺等价性是指孔和轴加工难易程度应相同。最常用的方法是当公差等级较高时，相互配合的轴与孔中，轴的公差等级应高一级。

（2）注意相关件和相配合件的精度。如齿轮孔和轴的配合，它们的公差等级决定于相关件齿轮的精度等级。

2）基本偏差

基本偏差一般是指上下两个偏差中靠近零线的那个偏差。即当公差带位于零线上方时，基本偏差为下偏差；当公差带位于零线下方时，基本偏差为上偏差，见图 3-3。

国家标准对孔和轴均规定了 28 个不同的基本偏差。基本偏差代号用拉丁字母表示，大写字母表示孔，小写字母表示轴。图 3-4 所示是孔和轴的 28 个基本偏差系列图。

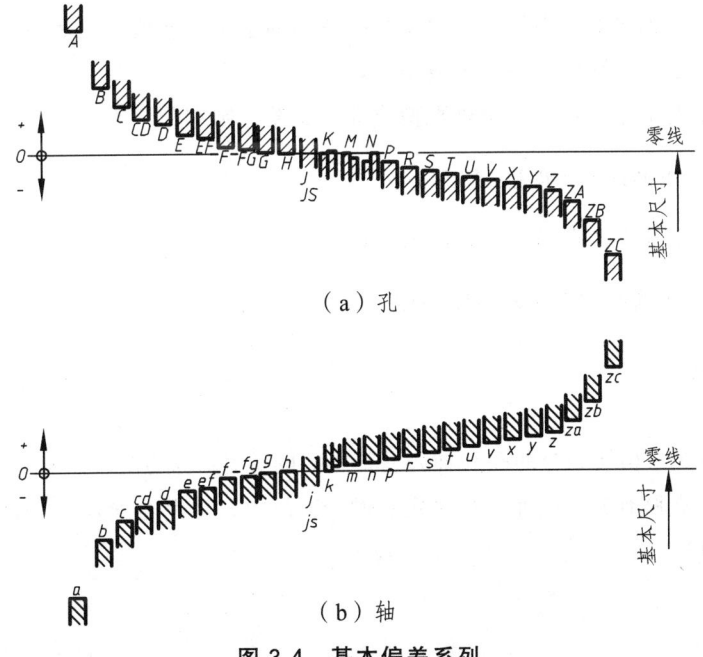

（a）孔

（b）轴

图 3-4　基本偏差系列

从基本偏差系列图可知,轴的基本偏差从 a 到 h 为上偏差(es),且是负值,其绝对值依次减小;从 j 到 zc 为下偏差(ei),且是正值,其绝对值依次增大。孔的基本偏差从 A 到 H 为下偏差(EI),且是正值,其绝对值依次减小,从 J 到 ZC 为上偏差(ES),且是负值,其绝对值依次增大;其中 H 和 h 的基本偏差为零。JS 和 js 对称于零线,没有基本偏差,其上、下偏差分别为 +IT/2 和 -IT/2。

基本偏差系列图只表示了公差带的各种位置,所以只画出属于基本偏差的一端,另一端则是开口的,即公差带的另一端取决于标准公差(IT)的大小。

3)公差代号

(1)孔、轴的公差带代号由基本偏差代号和公差等级代号组成。

例如,$\phi 50H8$、$\phi 50f7$ 的含义如图 3-5 所示。

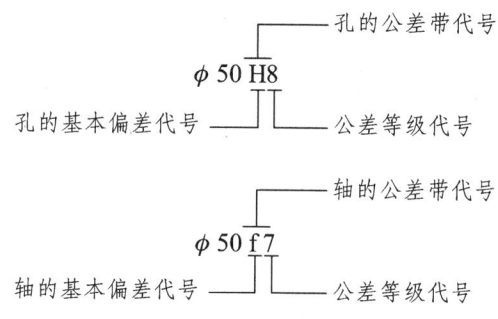

图 3-5 $\phi 50H8$、$\phi 50f7$ 的含意

(2)尺寸偏差的计算

在实际应用中,先根据基本尺寸查表得出孔或轴的基本偏差值,然后再查表得出标准公差值,之后再用计算公式计算出另一个极限偏差。

如基本偏差是上偏差,那另一个极限偏差即下偏差,则有:

$$下偏差 = 上偏差 - 标准公差 \qquad (3-1)$$

如基本偏差是下偏差,那另一个极限偏差即上偏差,则有:

$$上偏差 = 下偏差 + 标准公差 \qquad (3-2)$$

二、配 合

基本尺寸相同的、相互结合的孔和轴公差带之间的关系,称为配合。根据使用的要求不同,孔和轴之间的配合有松有紧,因而国标规定:配合分三类,即间隙配合、过盈配合、过渡配合(见图 3-6~图 3-9)。

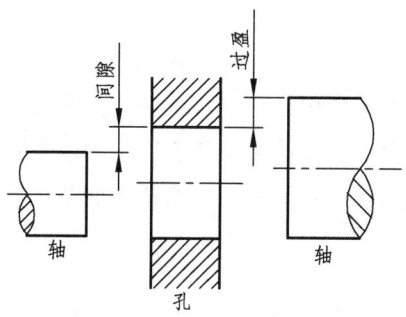

图 3-6　间隙与过盈

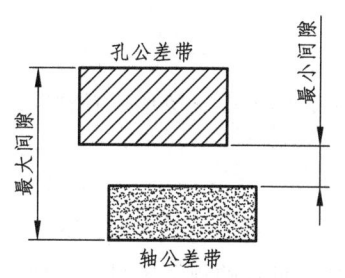 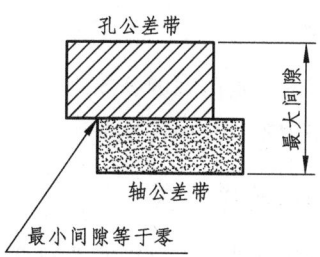

图 3-7　间隙配合

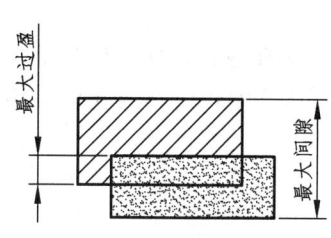 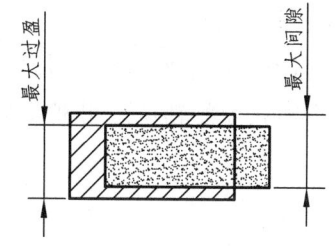 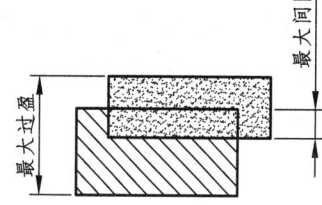

图 3-8　过渡配合

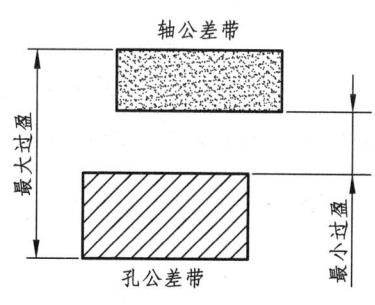 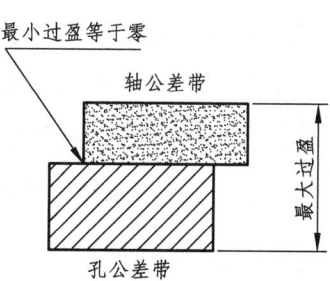

图 3-9　过盈配合

孔与轴装配时，可能有间隙（包括最小间隙等于零）配合或过渡配合。如间隙配合，孔的公差带在轴的公差带之上；如过渡配合，孔的公差带与轴的公差带互相交叠。孔与轴装配时也可能有过盈（包括最小过盈等于零的配合）配合。如过盈配合，孔的公差带在轴的公差带之下。

三、基准制

在制造相互配合零件的生产过程中,为了便于加工并使刀具和量具配备的方便,在制订配合零件的公差带时,可以把其中一个零件作为基准件,通过改变另一个非基准件的公差带位置来达到不同配合的要求。国家标准规定,配合有两种基准制:基孔制和基轴制。

1. 基孔制

即基本偏差为一定的孔的公差带,同基本偏差的轴的公差带所形成各种配合的一种制度。基准孔的下偏差为零,并用代号 H 表示。

2. 基轴制

即基本偏差为一定的轴的公差带,同基本偏差的孔的公差带所形成各种配合的一种制度。基准轴的上偏差为零,并用代号 h 表示。

3. 基准制的选择

(1)优先选用基孔制。采用基孔制可以减少刀具、量具的规格数目,有利于刀具、量具的标准化和系列化,因而经济性好,使用方便。

(2)有明显经济效益时,使用基轴制。如用冷拉钢材制作轴时,其本身精度若已能满足设计要求,可以无须再加工时,则可选用基轴制。

(3)根据标准件选择基准制。当设计的零件与标准件相配时,基准制的选择应依标准件而定。如标准件滚动轴承,与其内圈相配的轴应选用基孔制,与其外圈相配合的孔应选用基轴制。

(4)特殊情况下可采用混合配合。

四、配合代号

配合代号由孔和轴的公差带代号组成,写成分数形式,分子为孔的公差带代号,分母为轴的公差带代号。凡是分子中含 H 的为基孔制配合,凡是分母中含 h 的为基轴制配合。

例如:$\phi 25 \frac{H7}{g6}$ 的含义是该配合的基本尺寸为 $\phi 25$ mm、基孔制的间隙配合,基准孔的公差带为 H7(基本偏差为 H,公差等级为 7 级),轴的公差带为 g6(基本偏差为 g,公差等级为 6 级)。

【方案应用要点】

铁道部标准 TB1461—82 明确规定,活塞销采用 h5 基准轴。销与销孔的公差配合选择,一般解放牌汽车等小型活塞可选用较紧的浮动式过渡配合,如 $\frac{K6}{h5}$ 或 $\frac{M6}{h5}$;较大型的船用和机车柴油机活塞可选用无过盈的滑动配合,如间隙配合 $\frac{H6}{h5}$。若用更松动的配合,则活塞与销的间隙太大,而连杆跟销的间隙更大,其结果将产生很大的冲击载荷和金属敲击声,甚至撞坏销孔、连杆衬套,铸铁活塞更易撞击碎裂;而且,还会加剧气缸套的振动穴蚀。反之,如配合过紧,除销与活塞装拆困难外,则要求销孔轴线对裙部外圆的轴线垂直度有很高的精度,否则,活塞连杆组与曲轴的装配困难,而且活塞在气缸内易倾斜,发生偏磨、拉伤甚至卡死等现象。

方案二 合理选用活塞销孔形位公差等级和基准

活塞销孔轴线对裙部外圆轴线的垂直度精度是衡量活塞性能的一项重要技术指标,如东风4型内燃机车球铁活塞垂直度选定⊥0.04(6级)。为了确保功能,又减轻制造难度、提高经济效益,必须合理选择形位公差等级。

一、形状和位置公差的概念

零件经加工后,不仅会存在尺寸的误差,而且会产生几何形状及相互位置的误差。如图3-10所示的圆柱体,即使在尺寸合格时,也有可能出现一端大、另一端小或中间细两端粗等情况,其截面也有可能不圆,这属于形状方面的误差。

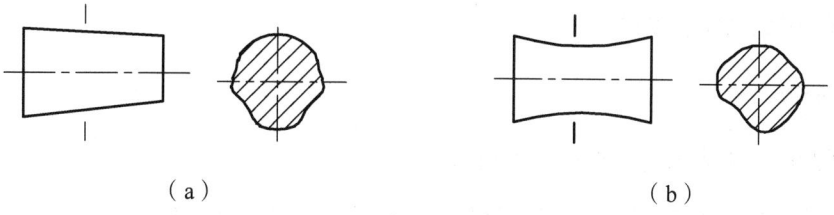

(a)   (b)

图 3-10 形状误差

如图3-11所示的阶梯轴、加工后可能出现各轴段不同轴线的情况,这属于位置方面的误差。

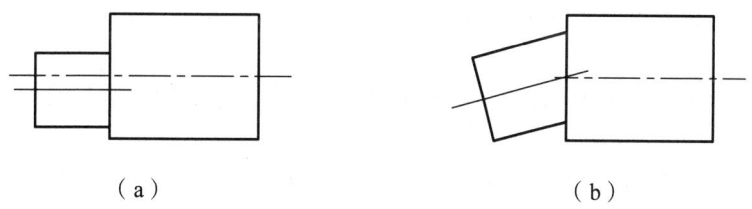

(a)   (b)

图 3-11 位置误差

二、形状和位置公差的符号

形状和位置公差如表3-1所示。

表 3-1 形位公差的项目及其符号

公差	特征项目	适用要素	符号	有无基准	公差	特征项目	适用要素	符号	有无基准
形状	直线度	单一要素	—	无	定向	平行度	关联要素	∥	有
形状	平面度	单一要素	▱	无	定向	垂直度	关联要素	⊥	有
形状	圆度	单一要素	○	无	定向	倾斜度	关联要素	∠	有
形状	圆柱度	单一要素	⌭	无	位置 / 定位	同轴度	关联要素	◎	有
形状或位置 / 轮廓	轮廓度	单一要素或关联要素	⌒	有或无	定位	对称度	关联要素	⌯	有
形状或位置 / 轮廓	线轮廓度	单一要素或关联要素	⌒	有或无	定位	位置度	关联要素	⊕	有或无
形状或位置 / 轮廓	面轮廓度	单一要素或关联要素	⌒	有或无	位置	圆跳动	关联要素	↗	有
					位置	全跳动	关联要素	↗↗	有

三、形状公差的特点

可将其分成两组。

1. 直线度、平面度、圆度、圆柱度

特点:都是单一要素;没有基准;公差带位置是浮动的;公差带方向与形位误差按最小区域法所形成的方向一致。

2. 线轮廓度、面轮廓度

(1) 当线、面轮廓度是用来控制形状时,它是单一要素,没有基准,公差带位置是浮动的。

(2) 当线、面轮廓度是用来控制形状和位置时,它是关联要素,有基准,公差带位置是固定的。

(3) 当线轮廓度是封闭形状时,它是单一要素,没有基准,公差带位置是固定的。

四、形位公差带

形位公差带定义:用以限制实际要素变动的区域。由形状(见表 3-2)、大小、方向、位置四个因素构成。形位公差带大小用以体现形位精度的高低,是由给定的形位公差 t 所确定。一般指形位公差带的宽度或直径,且为全值。

表 3-2 形位公差带的主要形状

平面区域		空间区域	
两平行直线	![两平行直线]	球	$S\phi t$
两等距曲线	![两等距曲线]	圆柱面	t
两同心圆	![两同心圆]	两同轴圆柱面	t
圆	ϕt	两平行平面	t
		两等距曲面	t

1. 形状公差带

特点：只对要素有形状要求，无方向、位置约束。

1）直线度

用以限制被测实际直线对其理想直线变动量的一项指标。被限制的直线有平面内的直线、回转体的素线、平面与平面交线和轴线等，如图 3-12 所示。例如：

（1）在给定平面内的直线度。

（2）在任意方向上的直线度（空间）。

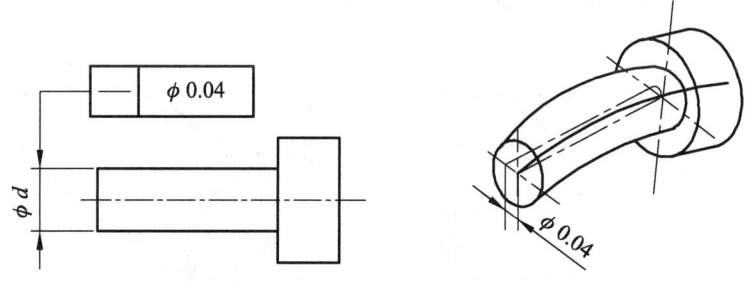

图 3-12 直线度

2）平面度

用以限制实际表面对其理想平面变动量的一项指标。如图 3-13 所示。

公差带：是距离为公差值 t 的两平行平面之间的区域。

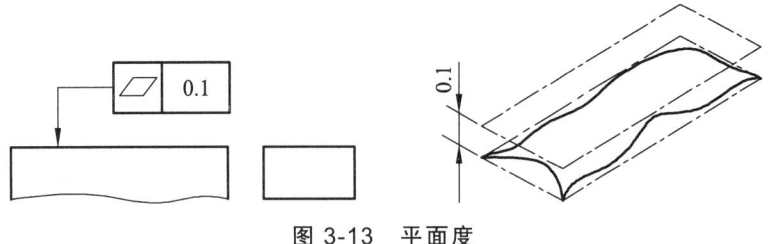

图 3-13　平面度

3）圆度

用以限制实际圆对其理想圆变动量的一项指标，如图 3-14 所示。职能：它是对圆柱面（圆锥面）的正截面和球体上通过球心的任一截面上提出的形状精度要求。

公差带：是指在同一正截面上，半径差为公差值 t 的两同心圆之间的区域。

注意：标注圆度时指引线箭头应明显地与尺寸线箭头错开；标注圆锥面的圆度时，指引线箭头应与轴线垂直，而不该指向圆锥轮廓线的垂直方向。

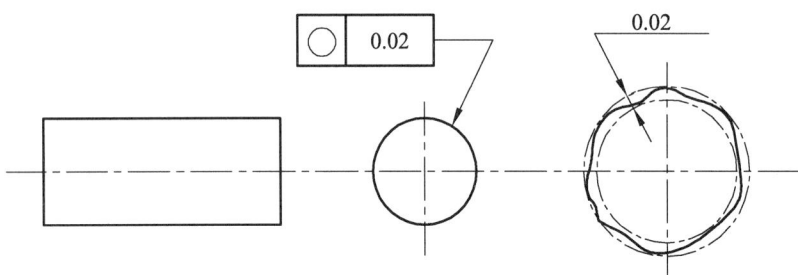

图 3-14　圆度

4）圆柱度

限制实际圆柱面对其理想圆柱面变动量的一项指标。如图 3-15 所示，它是对圆柱面所有正截面和纵向截面方向提出的综合性形状精度要求。职能：圆柱度公差可以同时控制圆度、素线直线度和两素线平行度等项目的误差。

公差带：是指半径为 t 的两同轴圆柱面之间的区域。

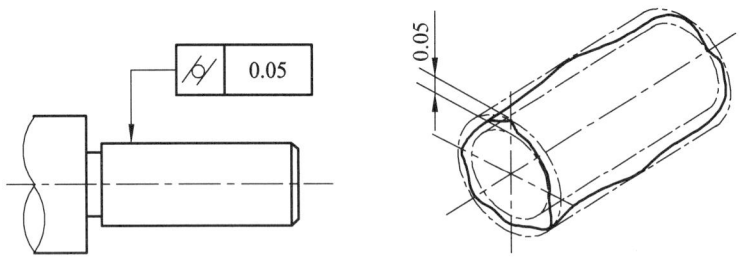

图 3-15　圆柱度

2. 位置公差带

位置公差带的主要形状如表 3-3 所示。

表 3-3　位置公差带的主要形状

项目	图　例	说　　明
平行度	∥ 0.05 A	平行度公差为 0.05 mm，实际平面必须位于距离为 0.05 mm 且平行于基准平面 A 的两平行平面之间。
垂直度	⊥ 0.05 A	垂直度公差为 0.05 mm，实际端面必须位于距离为 0.05 mm 且垂直于基准轴线 A 的平行平面之间。
倾斜度	∠ 0.03 A	倾斜度公差为 0.03 mm，实际斜面必须位于距离为 0.03 mm 且与基准平面 A 呈 45° 的平行平面之间，45° 表示理论正确角度。
同轴度	◎ 0.02 A	同轴度公差为 ϕ0.02 mm，ϕ20 圆柱的实际轴线必须位于以 ϕ30 基准圆柱轴线 A 为轴线的以 0.02 mm 为直径的圆柱面内。
对称度	═ 0.05 A	对称度公差为 0.05 mm，键槽的实际中心平面必须位于距离为 0.05 mm 的两平行平面之间，该两平面对称地配置在通过基准轴线 A 的辅助中心平面两侧。
位置度	⊕ ϕ0.05	位置度公差为 0.05 mm，三个 ϕ10 孔实际轴线必须分别位于直径为 0.05 mm 且以理想位置 30 为轴线的诸圆柱面内。

续表 3-3

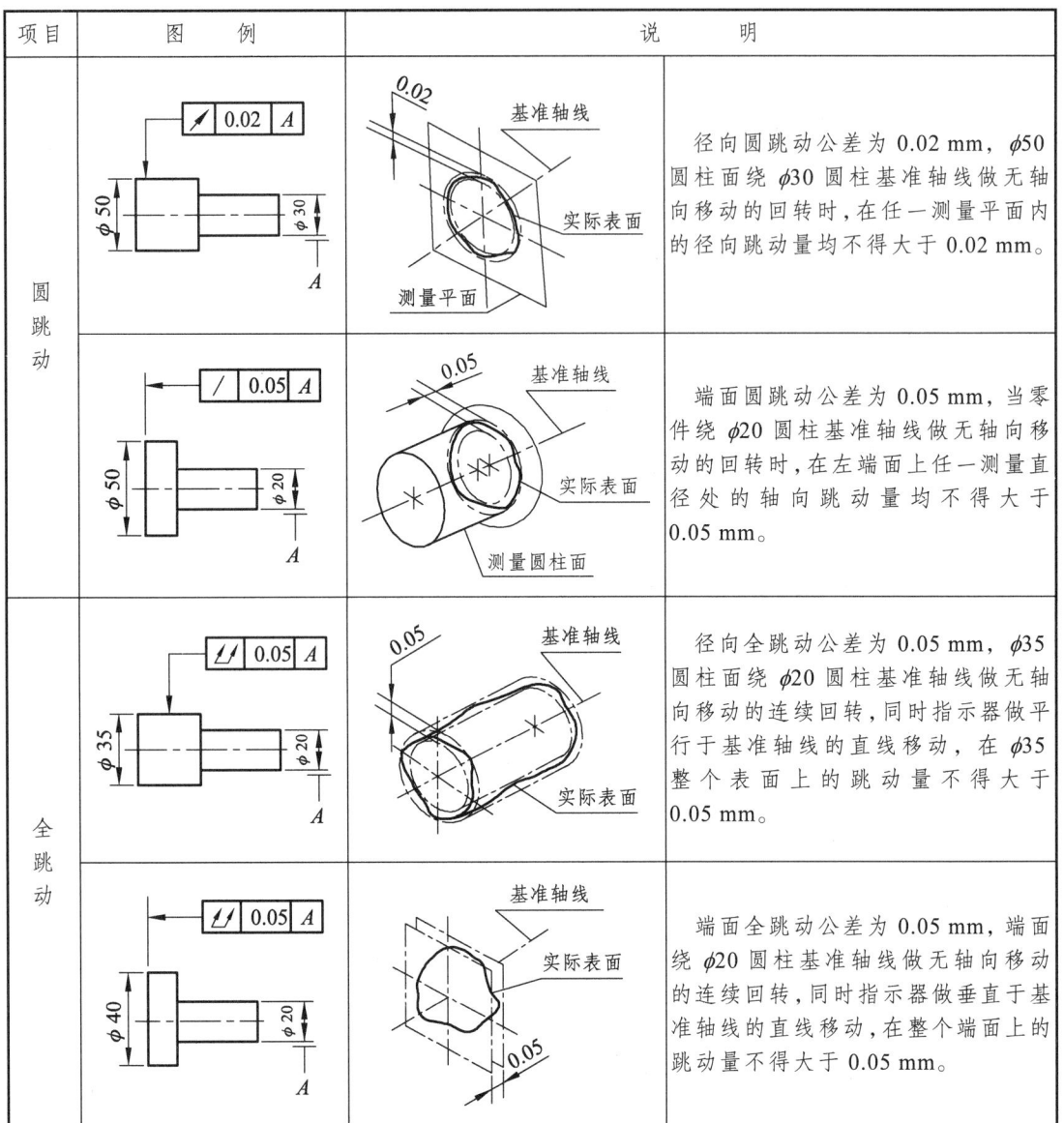

【扩展阅读】

一、公差与配合的标注

配合代号由相配的孔和轴的公差带代号组成,用分数形式表示,分子为孔的公差带代号;分母为轴的公差带代号(用斜分数线时,斜分数线应与分子、分母中的代号高度平齐)。

由上述分析中可知,在配合代号中,如果分子含有 H 的,则为基孔制配合;如果分母含有 h 的,则为基轴制配合。如果分子含有 H,同时分母也含有 h 时,则是基孔与基准轴相配合,即最小间隙为零的间隙配合,一般视为基孔制配合,也可以视为基轴制配合。

配合在装配图中的注法有以下三种形式:

(1)标注孔、轴的配合代号,如图 3-16(a)所示。这种注法应用最多。

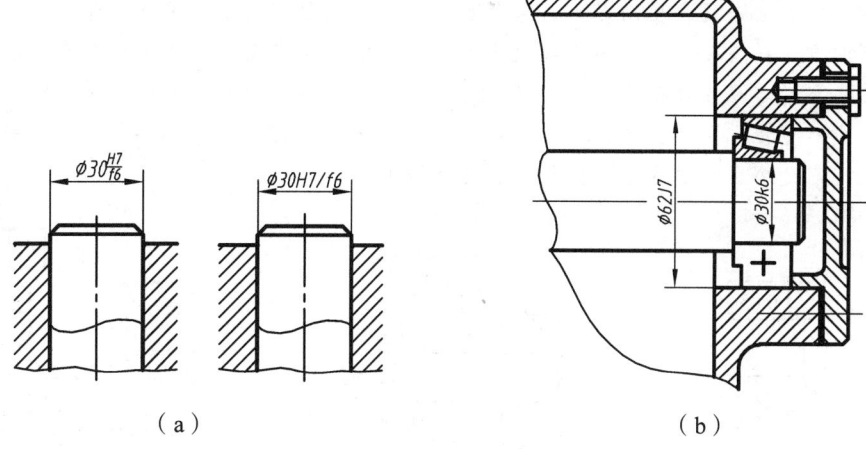

图 3-16　装配图中配合的标注方法（一）

（2）零件与标准件或外购件配合时，装配图中可仅标注该零件的公差带代号。如图 3-16(b) 中轴颈与滚动轴承圈的配合，只注出轴颈 $\phi30K6$；机座孔与滚动轴承座圈的配合，只注出机座孔 $\phi62J7$。

（3）标注孔、轴的极限偏差，如图 3-17 所示。这种注法主要用于非标准配合。

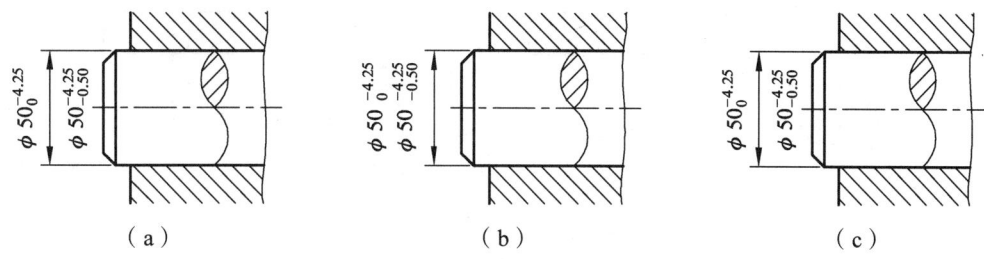

图 3-17　装配图中配合的标注方法（二）

二、形位公差的标注

（1）代号中的指引线箭头与被测要素的连接方法：当被测要素为线或表面时，指引线的箭头应指在该要素的轮廓线或其延长线上，并应明显地与尺寸线错开，见图 3-18（a）；当被测要素为轴线或中心平面时，指引线的箭头应与该要素的尺寸线对齐，见图 3-18（b）；当被测要素为各要素的公共轴线、公共中心平面时，指引线的箭头可以直接指在轴线或中心线上，见图 3-18（c）。

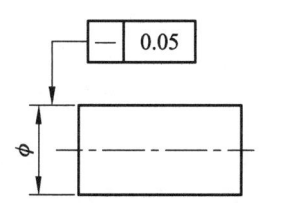
（a）被测要素为线或表面时

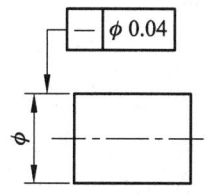
（b）被测要素为轴线或中心平面时

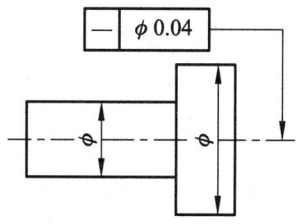
（c）被测要素为各要素的公共轴线、公共中心平面时

图 3-18　形位公差的标注（指引线箭头与被测要素的相连方法）

（2）对于位置公差还需要用基准符号及连线表明被测要素的基准要素，此时基准符号与基准要素连接的方法：当基准要素为素线及表面时，基准符号应靠近该要素的轮廓线或其引出线标注，并应明显地与尺寸线错开，见图3-19（a）；当基准要素为轴线或中心平面时，基准符号应与该尺寸线对齐，见图3-19（b）；当基准要素为各要素的公共轴线、公共中心平面时，基准符号可以直接靠近公共轴线或中心线标注，见图3-19（c）。

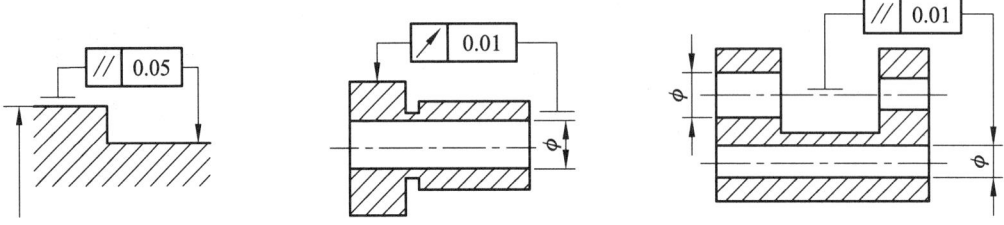

（a）基准要素为素线及表面时　　（b）基准要素为轴线或中心平面时　　（c）基准要素为各要素的公共轴线、公共中心平面时

图 3-19　位置公差的标注（一）（一般基准符号标注）

（3）指引线要垂直于框格，可弯折，但不超过二次，如图3-20所示。

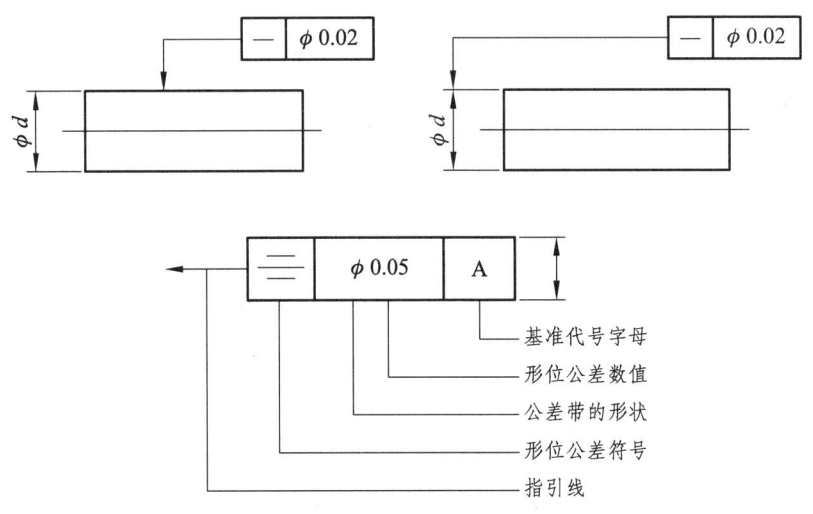

图 3-20　位置公差的标注（二）

三、内燃机车柴油机活塞销的配合间隙

浮动式活塞销与销座孔的配合间隙对工作有较大的影响。如间隙过大，则工作中冲击大，油膜厚度减小，运转噪声增大；如间隙过小，则易使活塞销运动卡滞、对销座孔的供油困难。

活塞销分别与活塞销座孔和连杆小头间隙配合，由于活塞销的转动速度慢，工作中销座孔会因受热而胀大，因此选用较小的冷态间隙。连杆小头衬套与活塞销的配合间隙选用较大的数值，这是因为两者相对运动速度稍高，且衬套在受热后向内收缩的缘故。活塞销的配合间隙数值见表3-4。

表 3-4　机车柴油机活塞销的配合间隙

机型	配合间隙（mm）	活塞销与销座孔			销与连杆衬套
		活塞销直径	销座孔直径	浮动间隙	配合间隙
16V240ZJB	锻铝活塞	$100_{-0.03}^{-0.01}$	$100_{0}^{+0.021}$	0.01～0.051	0.09～0.17
	球铁活塞	$100_{-0.03}^{-0.01}$	$100_{+0.04}^{+0.06}$	0.02～0.09	0.09～0.17
16V280ZJ		$110_{-0.009}^{+0.006}$	$110_{0}^{+0.022}$	−0.006～0.031	0.115～0.165

【课后任务】

根据所学知识分析机车轴箱轴承分别与轮轴和轴箱的配合方式，列出其配合公差，并说明其配合公差的意义。

模块四 机车部件的机械传动

项目一 如何进行旋转部件的传动？

【项目描述】

机械传动的方式很多，主要可分为两类：一是靠机件间的摩擦力传递动力和运动的摩擦传动，包括带传动、凸轮传动等，摩擦传动容易实现无级变速，大都能适应轴间距较大的传动场合，过载打滑还能起到缓冲和保护传动装置的作用，但这种传动一般不能用于大功率的场合，也不能保证准确的传动比；二是靠主动件与从动件啮合或借助中间件啮合传递动力或运动的啮合传动，包括齿轮传动、链传动、螺旋传动等。啮合传动能够用于大功率的场合，传动比准确，但一般要求较高的制造精度和安装精度。如何根据实际的工作情况使用不同的传动方式，是生产实际中必须解决的重要问题。

方案一 采用齿轮传动

齿轮传动是利用两齿轮的轮齿相互啮合传递动力和运动的机械传动。具有结构紧凑、功率范围大、传动效率高、传动比准确、使用寿命长、安全可靠等特点。因此它成为许多机械产品不可缺少的传动部件。齿轮传动系统由主动齿轮、从动齿轮和机架组成，如图 4-1 所示。

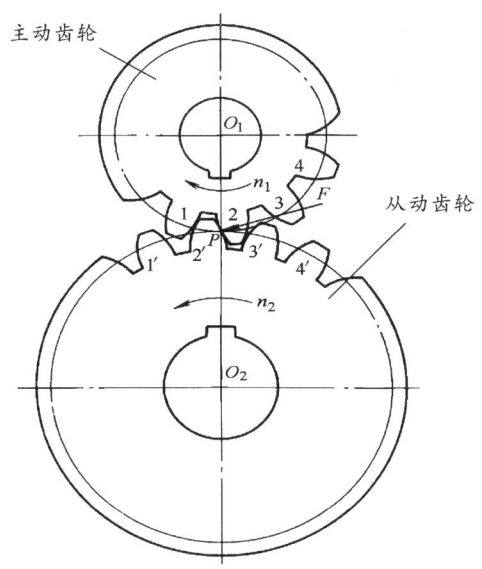

图 4-1 齿轮传动系统

齿轮传动可按以下方式分类。

(1) 按两轴线位置分类,见图 4-2。

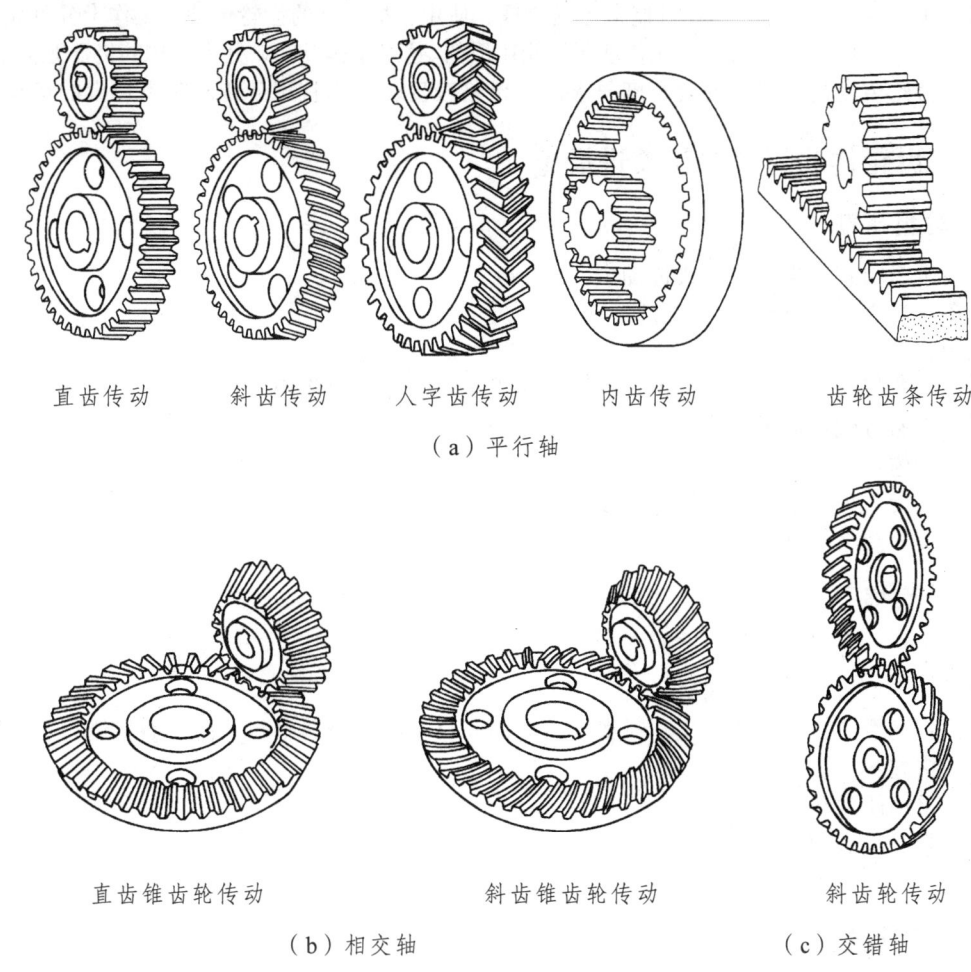

直齿传动　　斜齿传动　　人字齿传动　　内齿传动　　齿轮齿条传动

(a) 平行轴

直齿锥齿轮传动　　　　斜齿锥齿轮传动　　　　斜齿轮传动

(b) 相交轴　　　　　　　　　　　　　　　(c) 交错轴

图 4-2　齿轮传动类型

(2) 按工作条件分类:

① 开式传动:齿轮完全外露,易落入灰尘和杂物,不能保证良好的润滑,轮齿易磨损,常用于低速、不重要的传动及经常需要拆卸更换齿轮的场合。如冲床传动齿轮、搅拌机上的齿轮等。

② 半开式传动:装有简单的防护罩,有时把大齿轮部分浸入油池中,比开式传动润滑好,但仍不能严密防止杂物侵入,多用于农业机械及简单机械设备。

③ 闭式传动:齿轮等全封闭于箱体内,润滑及维护条件较好,齿轮精度较高,使用广泛。多用于机车变速箱、减速器齿轮等。

一、齿轮传动的特点

(1) 效率高。在常用的机械传动中,以齿轮传动效率为最高,闭式传动效率为 96%~99%,这对大功率传动有很大的经济意义。

(2) 结构紧凑。比带、链传动所需的空间尺寸小。

（3）传动比稳定。传动比稳定往往是对传动性能的基本要求。齿轮传动获得广泛应用，正是由于其具有这一特点。

（4）工作可靠、寿命长。设计制造正确合理、使用维护良好的齿轮传动，工作十分可靠，寿命可长达一二十年，这也是其它机械传动所不能比拟的。这对车辆及在矿井内工作的机器尤为重要。

但是齿轮传动的制造及安装精度要求高，价格较贵，且不宜用于传动距离过大的场合。

二、齿轮传动的失效与改进措施

1．轮齿折断

常发生于闭式硬齿面或开式传动中。

现象：产生裂纹→扩展→断齿。

原因：

（1）疲劳折断：根部应力集中；轮齿受多次重复弯曲应力作用。

（2）突然过载或冲击折断。

改进措施：

（1）增大齿根厚度，提高抗弯强度。

（2）改善载荷强度。

2．面磨损

常发生于开式齿轮传动。

现象：齿形破坏→齿根减薄。

原因：润滑不良；齿轮发生相对滑动；齿面间有杂物或金属颗粒；齿表面粗糙。

改进措施：

（1）采用闭式传动。

（2）提高齿表面硬度和光洁度。

（3）保持润滑油的清洁。

3．齿面点蚀

这是润滑良好的闭式齿轮常见的失效形式，多出现在靠近节线的齿根表面处。

现象：靠近节线的齿面或齿根部位出现麻点状小坑。

原因：

（1）齿面受交变接触应力作用，产生接触疲劳裂纹。

（2）靠近节线附近滑动速度小，油膜不易形成，摩擦力大，易产生裂纹。

（3）润滑油进入裂纹，形成封闭高压油腔，润滑油的楔挤作用使裂纹扩展。

改进措施：

（1）提高齿面硬度和接触强度。

（2）改善齿面粗糙度。

（3）采用合适的润滑油。

4．齿面胶合

现象：齿面沿相对滑动方向粘焊、撕脱，形成伤痕。

原因：

（1）高速重载使油膜破坏，两齿面金属直接接触并粘接。

（2）低速重载不易形成油膜，使齿面冷胶合。
（3）齿面间相对滑动。

改进措施：
（1）提高齿面光洁度，减少齿面的滑动系数。
（2）提高齿面硬度。
（3）采用抗胶合能力强的润滑油。
（4）提高制造和安装精度。

5．齿面塑性变形

现象：齿面失去正常齿形。
原因：低速重载、频繁启动和过载场合。
改进措施：提高齿面硬度，采用黏度高的润滑油。

三、对齿轮传动的要求

齿轮传动包括传递运动和力两个方面，因此对齿轮传动的要求如下：

（1）传递运动的准确性：要求齿轮在一转范围内，齿轮的最大转角误差应限制在一定范围内。
（2）传动的平稳性：要求齿轮在传动过程中，任何瞬间的传动比保持恒定不变，这样可以保持传动的平稳性，避免或减少传动中的噪声、冲击和振动。
（3）载荷分布的均匀性：要求齿轮啮合时齿面接触良好。
（4）齿侧间隙：要求齿轮啮合时，非工作表面应留有一定的间隙
（5）承载能力强：要求齿轮尺寸小、质量轻而承受载荷的能力大，也就要求强度高、耐磨性好、寿命长。

要满足以上要求，就需对轮齿形状、齿轮的材料、齿轮加工、热处理方法、装配质量等许多方面做出相应的要求。

【扩展阅读】

一、渐开线的形成

如图4-3所示，当一直线 AB 沿半径为 r_b 的圆做纯滚动时，此直线上任意一点 K 的轨迹 CD 称为该圆的渐开线。该圆称为渐开线的基圆，r_b 为基圆半经，而 AB 称为渐开线的发生线。

二、渐开线的性质

（1）发生线在基圆上滚过的线段长度 NK 等于基圆上被滚过的一段弧长 NC，即
$$NK = NC$$
（2）渐开线上任意一点的法线必切于基圆。由此可见，渐开线上各点的曲率半径是变化的，离基圆越远，其曲率半径就越大，渐开线就越趋平直。

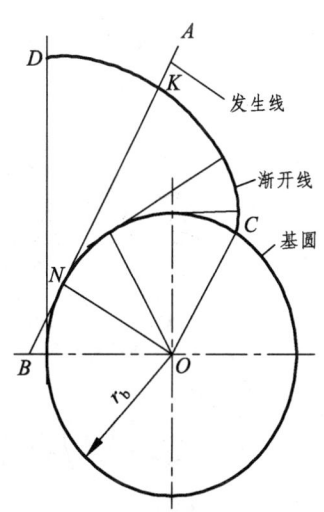

图4-3　渐开线的形成

（3）渐开线的形状决定于基圆的大小。基圆越小，渐开线越弯曲；基圆越大，渐开线越平直。
（4）基圆内无渐开线。

三、渐开线直齿圆柱齿轮各部分的名称及几何关系

如图 4-4 所示：
（1）齿数：z。
（2）齿顶圆：直径以 d_a 表示。
（3）齿根圆：直径以 d_f 表示。
（4）分度圆：是一个理论圆，无法直接测量，其直径以 d 表示。分度圆上的齿距、齿厚、齿槽宽通常称为齿轮的齿距、齿厚、齿槽宽，分别以 p、s、e 表示。

存在下列关系：
$$d = pz/\pi$$

在标准齿轮中，有：
$$s = e = p/2$$

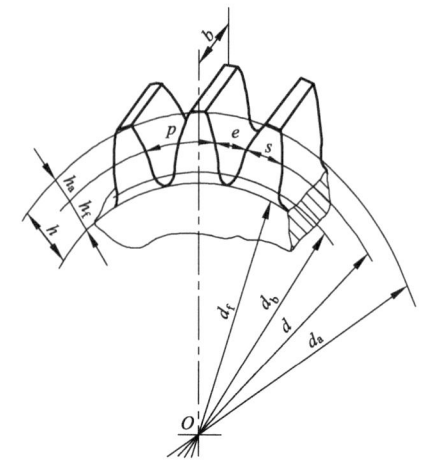

图 4-4　直齿圆柱齿轮各部分的名称和尺寸

（5）齿顶高 h_a：分度圆与齿顶圆之间的部分。
（6）齿根高 h_f：分度圆与齿根圆之间的部分。
（7）齿全高 h：齿顶圆与齿根圆之间的径向高度，$h = h_a + h_f$。
（8）模数：以 m 表示，定义为 $m = p/\pi$，因此有 $d = mz$。

模数是齿轮尺寸计算中的一个重要基本参数。

齿数相同的齿轮，模数较大者轮齿较大，分度圆也较大（见图 4-5）。

（9）齿形角 α：一对齿轮啮合时，在分度圆上啮合点的法线方向与切线方向所夹的锐角（见图 4-6）。标准齿齿形角 $\alpha = 20°$。一对齿轮啮合时，模数和齿形角必须相等。

（10）中心距 a：两圆柱齿轮轴线间的距离。

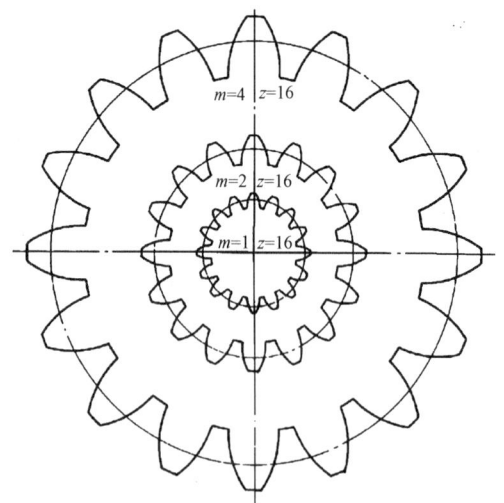

图 4-5　不同模数的轮齿

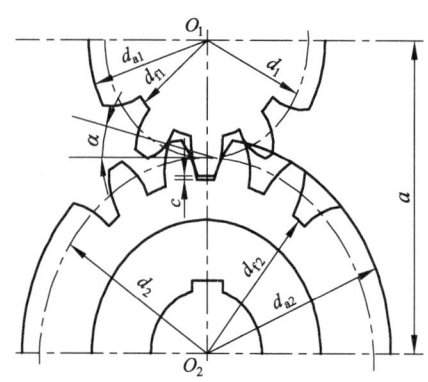

图 4-6　一对标准齿轮的啮合

（11）传动比：主动齿轮的转速 n_1 与从动齿轮的转速 n_2 之比，以 i 表示。$i = n_1/n_2$，$i > 1$ 减速。

（12）标准直齿圆柱齿轮各基本尺寸的计算公式：

$$d = mz, \quad p = \pi m$$
$$h_a = m, \quad h_f = 1.25m$$
$$h = h_a + h_f = 2.25m$$
$$d = zm, \quad d_a = d + 2h_a = m(z+2)$$
$$d_f = d - 2h_f = m(z-2.5)$$
$$a = (d_1 + d_2)/2 = m(z_1 + z_2)/2$$

四、齿轮传动在机车上的应用

齿轮传动在机车上的应用如图 4-7、图 4-8 所示。

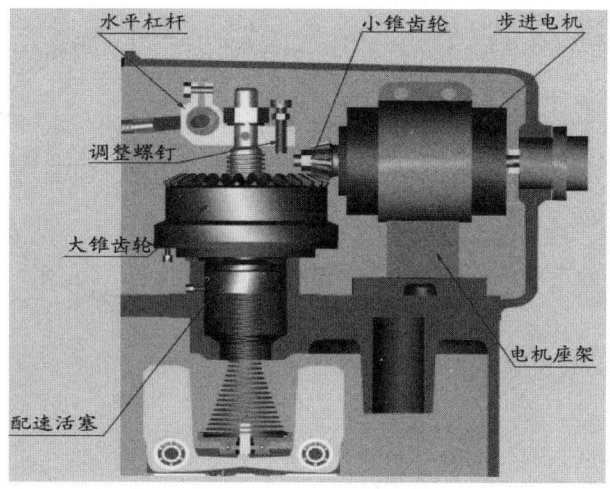

图 4-7 配速机构

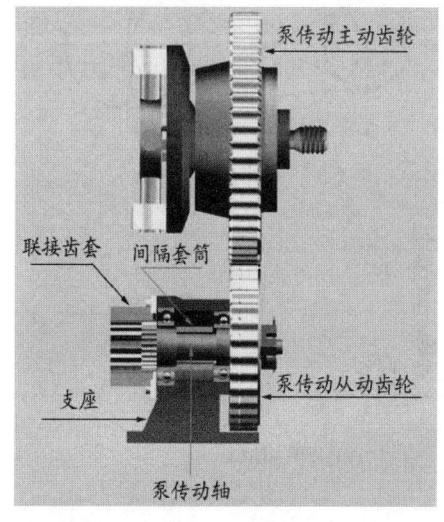
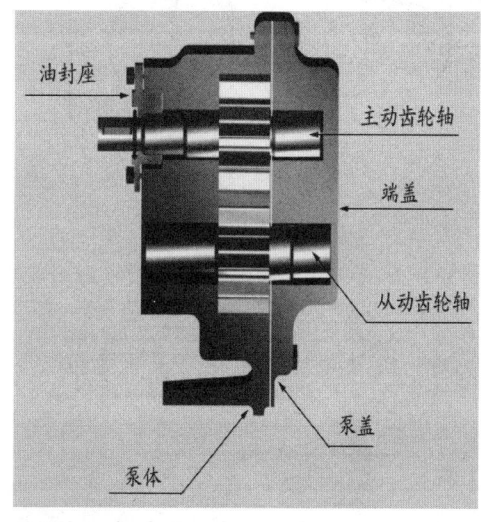

图 4-8 泵传动系统

方案二 采用带传动

带传动是一种常用的机械传动装置,主要是依靠挠性传动带与带轮间的摩擦力来传递运动和动力。

一、带传动的组成及工作原理

带传动由主动轮、从动轮、紧套在两轮上的传动带和机架组成。安装时带被张紧在带轮上,产生的初拉力使得带与带轮之间产生压力。原动机驱动主动带轮转动,通过带与带轮之间产生的摩擦力,使从动带轮一起转动,从而实现运动和动力的传递。见图4-9和图4-10。

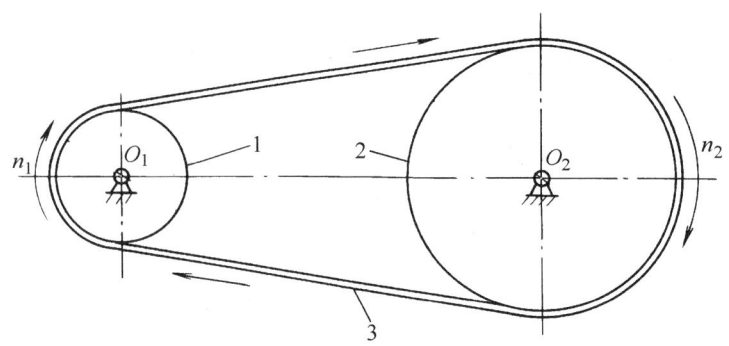

图 4-9 带传动的组成
1—主动轮;2—从动轮;3—带

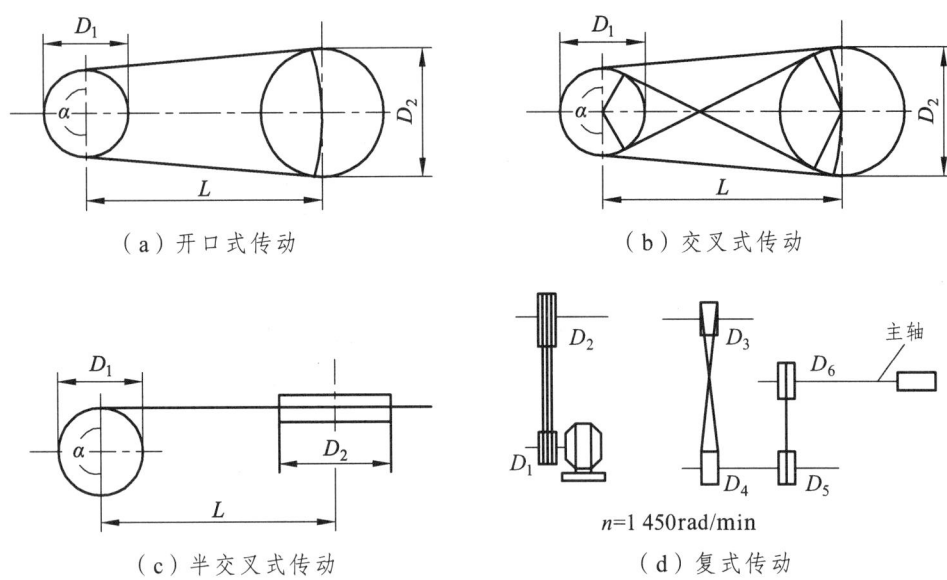

(a)开口式传动 (b)交叉式传动

(c)半交叉式传动 (d)复式传动

图 4-10 几种常见的带传动方式

二、带传动的分类

1. 摩擦带传动

如图 4-11 所示，摩擦带传动包括以下几种方式：

（1）平带：平带的截面形状为矩形，工作面为内表面，主要用于两轴平行、转向相同的较远距离的传动。平带柔性好，带轮易于加工，结构简单，传动效率较高，大多用于中心距较大的场合。

（2）V带：V带的截面形状为梯形，工作面为两侧面。V带传动的摩擦力比平带传动大，故能传递较大的载荷，且允许的传动比也大，中心距较小，结构紧凑。机车空气压缩机等采用的是V带传动。

（3）圆形带：圆形带的截面形状为圆形。圆带传动能力小，主要用于小功率传动，如缝纫机等。

（4）多楔带：多楔带传动是平带和V带的组合结构，其楔形部分嵌入带轮的楔形槽内，靠楔面摩擦工作。它兼有平带和V带的特点。主要用于传递功率较大而结构要求紧凑的场合。

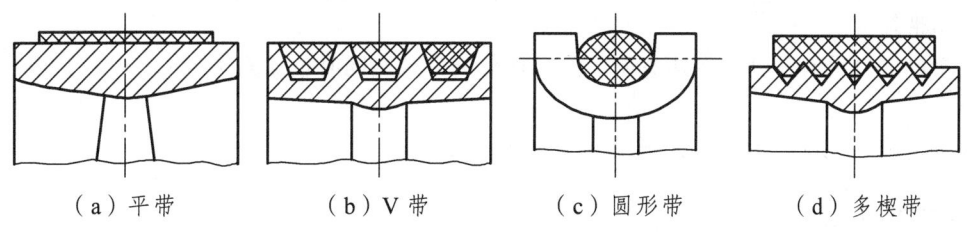

（a）平带　　　　　（b）V带　　　　　（c）圆形带　　　　　（d）多楔带

图 4-11　带传动类型

2. 啮合带传动

同步带：同步带内周有一定形状的齿，它是靠带齿与带轮齿的啮合来传递运动和力的。如图 4-12 所示，由于是齿啮合，带与带轮之间没有相对滑动，主动轮和从动轮速度同步。常用于要求传动比准确的中、小功率的传动，如录音机、磨床等。

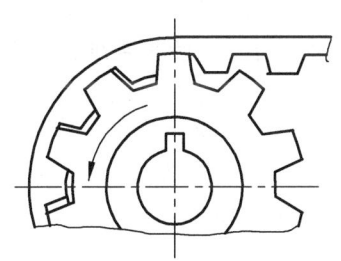

图 4-12　同步带传动

三、带传动的特点

1. 带传动的优点

（1）带具有良好的挠性，能缓和冲击，吸收振动，传动平稳，噪声小。
（2）当机器过载时，带会在轮上打滑，能起到对机器的保护作用。
（3）结构简单，制造、安装和维护方便，成本低。
（4）适用于两轴远距离传动的传动。

2. 带传动的缺点

（1）由于带的滑动，不能保证固定不变的传动比。
（2）由于带工作时需要张紧，带对轴有很大的压轴力。
（3）传动精度和传动效率低。
（4）外廓尺寸大，结构不够紧凑，带的使用寿命较短，需要经常更换。
（5）不适用于高温、易燃及有腐蚀介质的场合。

四、带传动的失效

1. 带的打滑失效

原因：在一定的初拉力 F_0 的作用下，当带所传递的有效拉力超过带与带轮接触面间摩擦力的总和的极限值时，带与带轮将发生明显的相对滑动，这种现象称为打滑失效，打滑失效首先发生在小带轮上。

后果：带打滑时从动轮转速急剧下降，使传动失效，同时也加剧了带的磨损，因此应避免带打滑。

改进措施：控制拉力；增大张紧力（提高摩擦力）。

2. 拉断失效

带在工作时，如果初拉力过大，紧边拉力就越大，带的应力也就越大，从而导致带断裂。一般过载或带张紧力过大会导致此现象发生。

五、带的张紧

带传动是摩擦传动，适当的张紧力可提供足够的正压力，进而产生足够的摩擦力，这是保证带传动正常工作的重要因素。

带传动在工作一段时间后，其初拉力会因带的伸长而减小，产生松弛现象，使传动能力骤降，所以，带传动一般应有张紧装置以保持一定的初拉力。张紧力不足，传动带将在带轮上打滑，加剧传动带的磨损；张紧力过大，会使传动带疲劳拉断，也使轴和轴承上的作用力增大。通常在两带轮相距不大时，以用拇指在带的中部能压下 15 mm 左右为宜。

带的张紧方法主要有：调整中心距和调整张紧轮，见图 4-13。

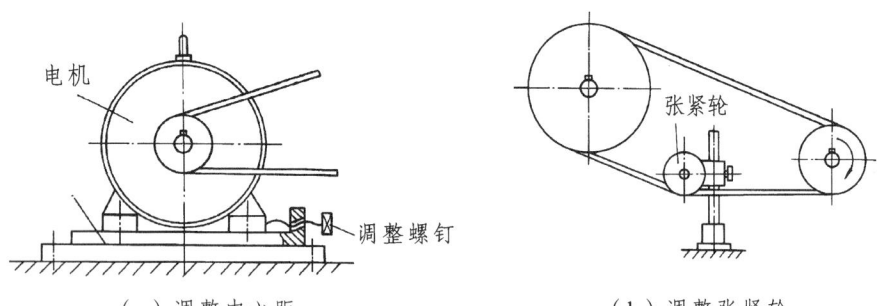

（a）调整中心距　　　　　　（b）调整张紧轮

图 4-13　带传动调整方法

六、带传动的使用要求与维护

1. 使用要求

测速电机安装牢固，皮带、皮带轮无裂纹，松紧度符合要求，调整螺丝及传动轴不松动，防护罩良好，安装牢固。

2. 带传动的维护

（1）安装：减小中心距，松开张紧轮，装好后再调整。

（2）保持清洁，避免遇酸、碱或油污使带老化。

（3）定期检查。

（4）两带轮中心线平行，带轮断面垂直中心线，主、从动轮的槽轮在同一平面内，轴与轴端变形要小。

（5）为确保安全，带传动应设防护装置。

【扩展阅读】

带传动是机车传动系统的重要组成元件，也是机车传动装置之间的连接环节，其传动性能的优劣直接影响到机车工作的可靠性。机车中的主要带传动装置安装在前启动变速箱和空气压缩机等部位，如图4-14所示。

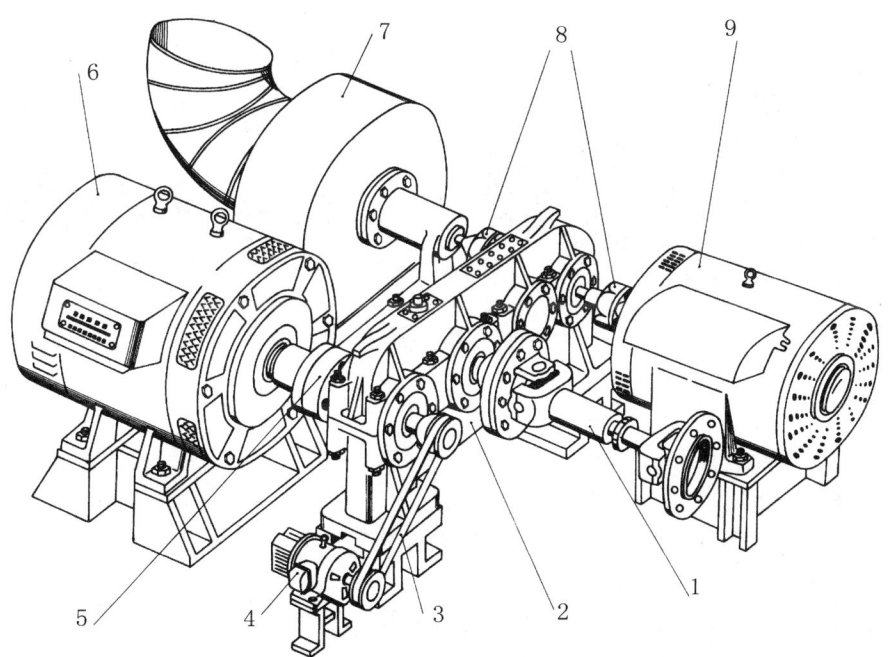

图4-14 起动变速箱的传动机构

1—万向轴；2—起动变速箱；3—三角皮带；4—测速发电机；5—弹性柱销联轴节；
6—起动发电机；7—前通风机；8—尼龙绳传动轴；9—励磁机

方案三　采用链传动

在两轴距较远而速比又要求准确时，可采用链传动。链传动的被动轮圆周速度虽然波动不定，但其平均值不变，因此，可以在传动要求不高的情况下代替齿轮传动。

链传动是由两个具有特殊齿形的链轮和一条挠性的闭合链条所组成的（见图4-15）。它依靠链和链轮轮齿的啮合而传动。

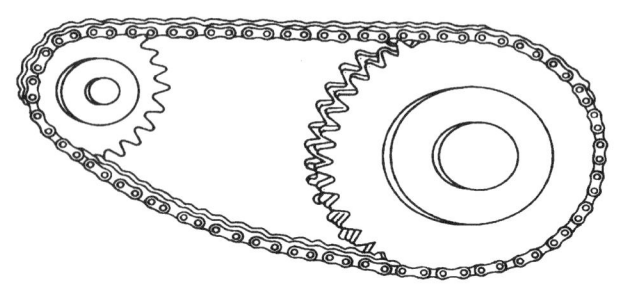

图4-15　链传动（一）

链传动链有滚子链和齿状链两种类型，如图4-16所示。在传动速度较大时，一般多用齿状链，因为这种链在传动时声音较小，所以又叫做无声链。

链传动的传动比和齿轮传动相同。

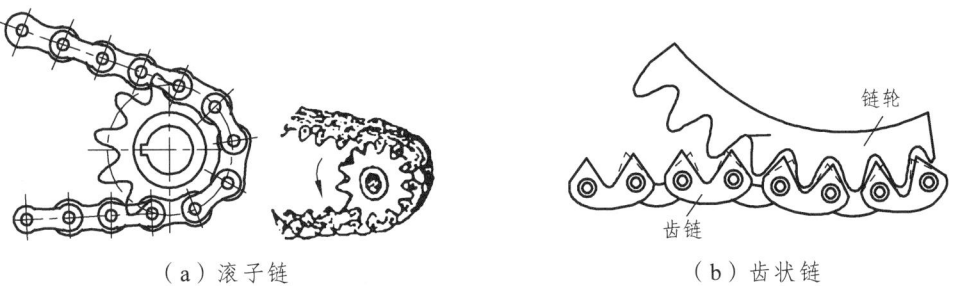

（a）滚子链　　　　　　　　　　（b）齿状链

图4-16　链传动（二）

【扩展阅读】

链传动的主要特点如下：
（1）能保证准确的平均传动比。
（2）可以在两轴中心相距较远的情况下传递运动和动力。
（3）结构紧凑（与带传动比较）。
（4）能在温度较高、有油污等恶劣环境条件下工作。
（5）运动不均匀，瞬时传动比不恒定。
（6）传动平稳性差（冲击、振动大，噪声大，动载荷，不宜高速传动，外廓尺寸大。
（7）铰链易磨损，使链条的节距变大，会造成脱链现象。

链传动主要用于要求传动速比准确且两轴相距较远的场合，目前广泛地应用于农业机械、轻工机械、交通运输机械、机床和国防工业等部门。

项目二　如何实现远距离传动

【项目描述】

在生产实践中，根据工作要求，要把运动从原动机传递到工作机，需要很长的距离，那么，如何来实现这种远距离的传动呢？

方案一　采用液压传动

液压传动是用液体作为工作介质，在密封的回路里，以液体的压力能进行能量传递的传动方式。

一、液压传动的组成及工作原理

液压传动的组成及工作原理如图 4-17 所示。

（1）动力装置：把机械能转化成液体压力能的装置，常见的是液压泵。

（2）执行装置：把液体压力能转化成机械能的装置，一般常见的形式是液压缸和液压马达。

（3）控制调节装置：对液体的压力、流量和流动方向进行控制和调节的装置。这类元件主要包括各类控制阀或者由各种阀构成的组合装置。这些元件的不同组合组成了能完成不同功能的液压系统。

（4）辅助装置：指以上三种组成部分以外的其它装置，如各种管接件、油管、油箱、过滤器、蓄能器、压力表等，起连接、输油、贮油、过滤、贮存压力能和测量等作用。

（5）传动介质：传递能量的液体介质，即各种液压工作介质。

以液压千斤顶为例：通用液压千斤顶适用于起重高度不大的各种起重作业。它由油箱、手柄、液压缸、活塞、阀等主要部分组成，如图 4-17（a）所示。

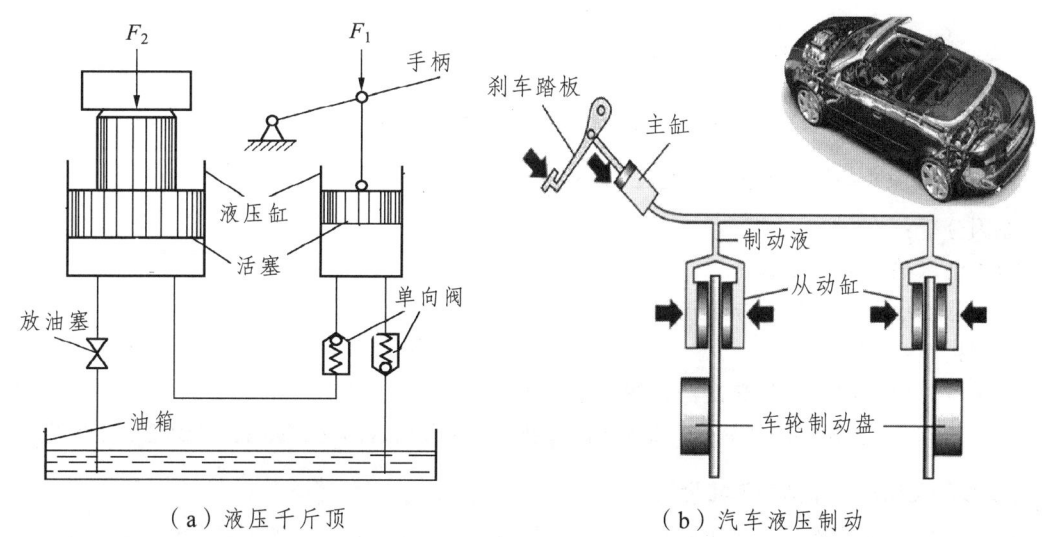

(a) 液压千斤顶　　　(b) 汽车液压制动

图 4-17　液压系统工作原理

工作时，只要往复扳动手柄，不断向液压缸内压油，由于液压缸内油压不断增高，就迫使活塞及活塞上面的重物一起向上运动。打开放油阀，液压缸内的高压油便流回油箱，于是重物与活塞也就一起下落。

二、液压传动的特点

与机械传动、电气传动相比，液压传动具有以下优缺点。

1．液压传动的主要优点

（1）液压传动的各种元件可根据需要方便、灵活地布置。
（2）结构简单、尺寸紧凑、重量轻、造价低。
（3）运动比较平稳，反应速度快、冲击小，能快速启动、制动和换向。
（4）操纵控制方便，可实现大范围的无级调速（调速范围达 2000:1）。
（5）可自动实现过载保护。
（6）一般采用矿物油为工作介质，相对运动面可自行润滑，使用寿命长。
（7）控制调节元件操作简单，容易实现机器的自动化，不仅可实现更高程度的自动控制过程，而且可以实现遥控。

2．液压传动的主要缺点

（1）由于流体流动的阻力损失和泄漏较大，所以效率较低，因而制造精度要求较高。
（2）工作性能易受温度变化的影响，因此不宜在很高或很低的温度条件下工作。
（3）液压元件的制造精度要求较高，因而价格较贵。由于液体介质的泄漏及可压缩性影响，不能得到严格的定比传动。
（4）液压传动出故障时不易找出原因；使用和维修要求有较高的技术水平。
（5）工作过程中能量损失较大，系统效率低，不宜作远距离传动。

三、液压传动的检查与维护

1．静液压传动系统的故障、原因分析和处理措施

1）故障现象：静液压工作温度超过 70 ℃

原因分析：
（1）油水热交换器太脏。
（2）静液压泵或马达工作不正常。
处理措施：
（1）首先应清洗油水热交换器，清除堵塞污物。
（2）若清洗后油温仍居高不下，再依次检查静液压泵和马达，找出原因，直到把油温降下为止。

2）故障现象：工作油变色乳化

原因分析：油水热交换器泄漏。

处理措施：
（1）检修油水热交换器。
（2）工作油全部更换。

3）故障现象：静液压变速箱通气器冒油

原因分析：静液压油泵主轴油封损坏，导致工作油进入变速箱所致。

处理措施：打开下箱体放油堵，放掉部分油，待机检修，更换主轴处油封。

4）故障现象：马达主轴承漏油

原因分析：油封损坏。

处理措施：更换油封。

5）故障现象：静液压泵或马达有异音

原因分析：静液压泵或马达柱塞连杆断裂。

处理措施：修泵或马达，更换断裂、损坏件。

6）故障现象：静液压泵声音异常，且管路振动较明显

原因分析：
（1）液压泵吸空。
（2）泵进油管或油箱喷嘴被异物堵塞。
（3）油箱的上、下喷嘴安装不符合技术要求。

处理措施：
（1）增加静液压油。
（2）应拆下并清除异物。

2. 简易故障诊断法

（1）看液压系统工作的实际状况，观察系统压力、速度、油液、泄漏、振动等是否存在问题。

（2）听液压系统的声音，如冲击声、泵的噪声及异常声，以判断液压系统工作是否正常。

（3）摸温升、振动、爬行及联接处的松紧程度来判定运动部件工作状态是否正常。

（4）闻（油液发臭）。

3. 液压系统定期检查

（1）各阀、缸及管道是否有泄漏。

（2）液压泵或液压马达是否有异常噪声；缸或马达工作是否正常平稳。

（4）液压系统压力是否稳定。

（5）油箱油量是否充足；液压系统油液的工作温度是否在允许范围之内。

（6）液压系统工作时有无高频振动。

（7）电控或机控换向阀是否灵敏可靠。

（8）手动自动工作循环时是否有异常现象。
（9）定期对油液进行化验，检查油液质量。
（10）定期检查和紧固重要部位螺钉、螺帽、接头及法兰盘。
（11）定期清洗油箱。

4. 液压系统的保养

对油液进行过滤或更换；清洗滤网、滤芯或更换；清洗油箱内部或外部；更换阀板结合处的密封件；紧固压盖、接头及法兰螺钉；更换被压扁的管子；消除明显部位的外泄漏；检查电磁铁、压力继电器、行程开关的电气接线是否良好，等等。

【扩展阅读】 机车液压传动装置

液压传动是机车冷却系统的重要组成元件，是利用液力传动原理的静液压传动装置，特点是重量轻、体积小、工作平稳，可以实现无级变速和自动控制，其性能的优劣直接影响到机车工作的可靠性。机车中主要的液压传动装置主要安装在机车冷却系统部位，如图4-18所示。

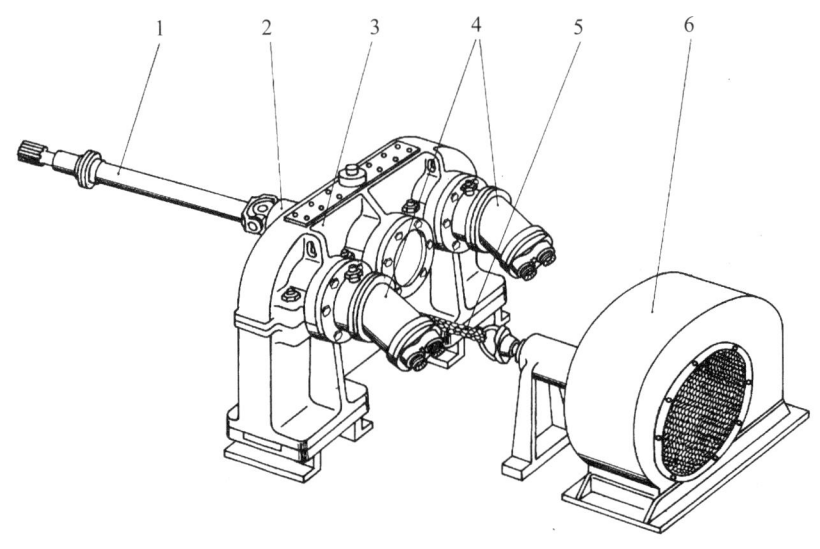

图4-18 静液压变速箱的传动机构
1—传动轴；2—组合联轴器；3—静液压变速箱；4—静液压泵；
5—绳传动轴；6—后牵引电动机通风机

静液压系统与柴油机自由端连接，设有静液压变速箱，主要由箱体、箱盖、传动齿轮、传动轴、密封装置、法兰、紧固件和轴承组成。中间上传动轴一端封闭，一端经万向轴与柴油机曲轴相连，中间下传动轴一端封闭，另一端经尼龙绳联轴节与后转向架通风机相连，保证后转向架牵引电机的通风冷却；左、右传动轴均为一端封闭，一端通过花键直接驱动静液压油泵，通过静液压油推动静液压马达旋转，从而带动冷却风扇工作。见图4-19。

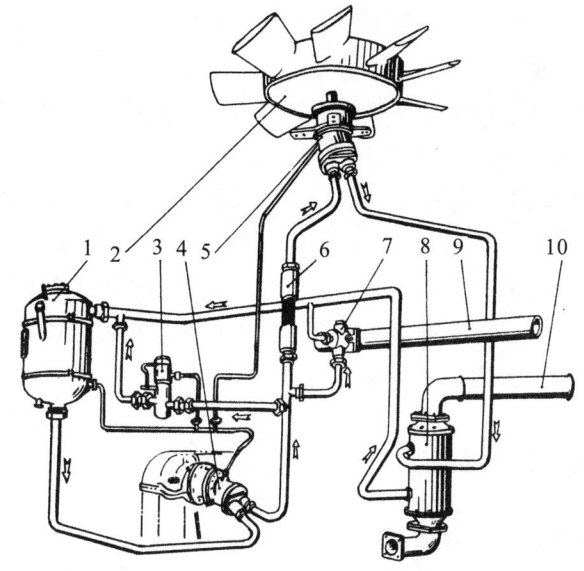

图 4-19 静液压传动系统的实物示意图

1—静液压油箱;2—冷却风扇;3—安全阀;4—静液压油泵;5—静液压马达;6—高压软管;7—温度控制阀;8—静液压油热交换器;9—机油或冷却水管;10—冷却水管

方案二 采用气压传动

气压传动技术是以压缩空气为工作介质进行能量传递和控制的一种传动形式。气压传动与液压传动的工作原理完全相同,都是以密封容积中的受压工作介质来传递运动和动力的。它先将机械能转换成压力能,然后通过各种元件组成的控制回路来实现能量的调控,最终再将压力能转换成机械能,使执行机构实现预定的运动。例如,生活中常用的打气筒就是采用这个原理。

气压传动系统由气源装置、执行元件、控制元件、辅助元件和传动介质五部分组成(见图4-20)。

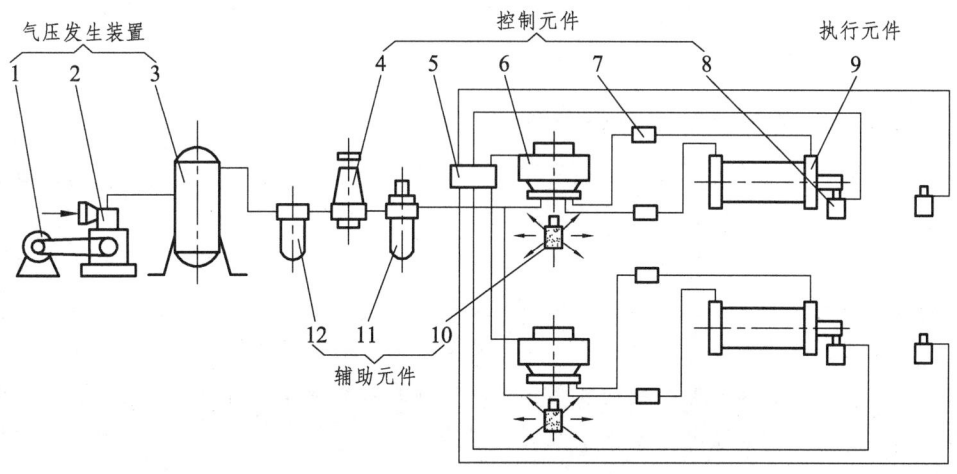

图 4-20 气压传动系统

（1）气源装置：即空气压缩机，是系统中的动力元件，它将电动机的机械能转变成气体的压力能，为各类气动设备提供动力。

（2）执行元件：是系统的能量输出装置，它将空气压缩机提供的气压能转变成机械能，输出力和速度（转矩和转速），用以驱动工作部件，如气缸和气马达。

（3）控制元件：是控制调节压缩空气的压力、流量、方向的元件，用来保证执行元件具有一定输出力（转矩）和速度（转速），如压力阀、流量阀、方向阀等。

（4）辅助元件：系统中除上述三类元件外，其余的元件称为辅助元件，如过滤器、油雾器、储气罐、消声器等，它们对保证系统可靠、稳定的工作起着重要作用。

（5）传动介质：系统中传递能量的流体，如压缩空气。

一、气压传统系统的优点

气压传动与液压传动相比，气压传动有如下优点：

（1）空气作为工作介质，可从大气中直接汲取，用后直接排入大气，成本低，不污染环境。

（2）空气黏性小，在管道中流动时损失小，适用于远程传输和控制。

（3）工作压力低，气动元件对材质和精度的要求低，使用寿命长，成本低。

（4）对工作环境的适应性好，特别是在易燃、易爆、高尘埃、强磁、辐射及振动等恶劣环境中使用时比液压传动要安全得多。

二、气压传动系统的缺点

气压传动与液压传动相比，气压传动有如下缺点：

（1）空气具有压缩性，故其工作速度和工作平稳性方面不如液压传动。

（2）工作压力低，系统输出力小，传动效率较低。

（3）排气噪声大。

（4）气压传动的信号速度限制在声速（约 340 m/s）范围内，故其工作频率和响应速度不如电子装置，不宜用于信号传递速度要求较高的复杂线路中。

【扩展阅读】 机车空气制动管路系统

机车空气管路系统（见图 4-21）是保障列车运行安全、提高列车技术速度和铁路通过能力的极为重要的装置。空气管路系统包括风源系统、制动系统、撒砂系统、风喇叭和刮雨器系统、控制用风系统和其他辅助用风装置。为确保内燃机车各用风系统的正常工作，并具有必要的可靠性和耐久性，首先要求风源系统所提供的压缩空气必须是足够的、符合质量要求的、清洁和干燥的压力空气；其次是安全可靠。除了空气管路系统各主要零部件的设计结构应充分具有安全可靠性能以外，还必须对整个结构和装置采取完备的安全措施。例如，对关键容器必须备有安全阀、空气压缩机的容量储备及多重控制装置等。

项目三 传动过程中如何改变运动方向　　79

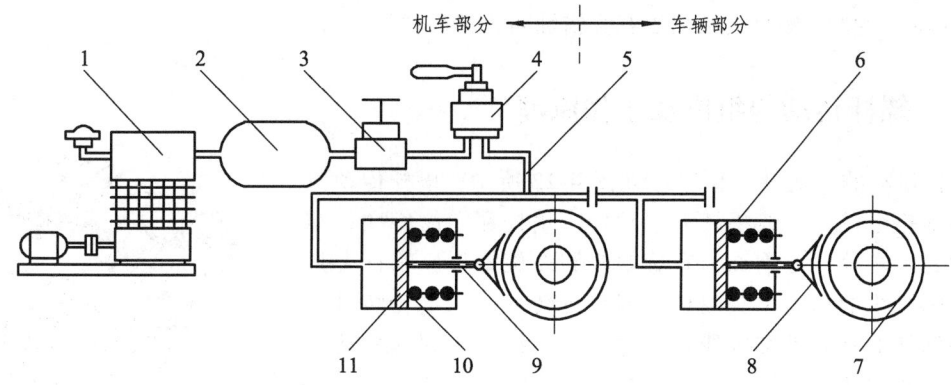

（a）直通式空气制动机结构原理图

1—空气压缩机；2—总风缸；3—调压阀；4—制动阀；5—制动管；6—制动缸；7—车轮；
8—闸瓦；9—制动缸活塞杆；10—制动缸弹簧；11—制动缸活塞

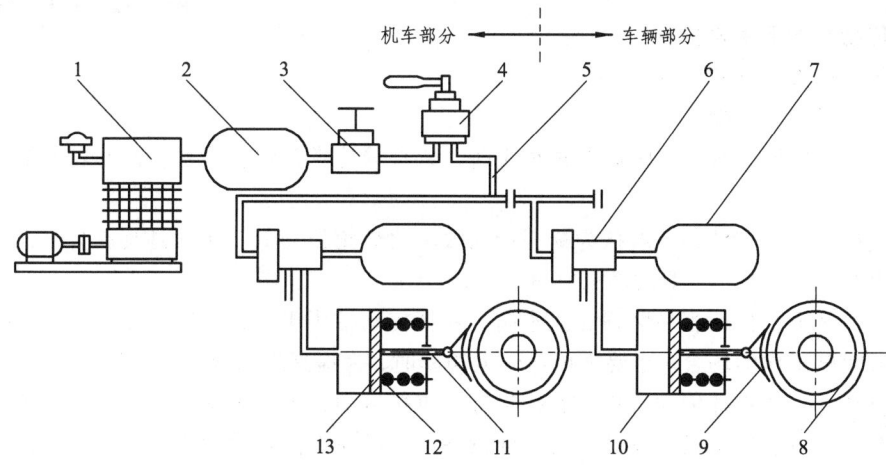

（b）自动空气制动机结构原理图

1—空气压缩机；2—总风缸；3—调压阀；4—制动阀；5—制动管；6—三通阀（分配阀）；7—副风缸；
8—车轮；9—闸瓦；10—制动缸；11—制动缸活塞杆；12—制动缸弹簧；13—制动缸活塞

图 4-21　机车空气制动系统原理图

项目三　传动过程中如何改变运动方向

【项目描述】

在生产实际中，由于工作需要，会使传动中的运动方向发生改变，如交错轴之间运动和力的传递，或者是直线运动和旋转运动之间的转换，那么，如何才能实现呢？

方案一　采用蜗杆传动

蜗杆传动是在空间交错的两轴间传递运动和动力的一种传动，两轴线间的夹角可为任意值，常用的为 90°。蜗杆传动用于在交错轴间传递运动和动力。

一、螺杆传动的组成及工作原理

蜗杆传动的组成及工作原理如图 4-22 所示，蜗杆传动由蜗杆和蜗轮组成，一般蜗杆为主动件。蜗杆和螺纹一样，有右旋和左旋之分，分别称为右旋蜗杆和左旋蜗杆。蜗杆上只有一条螺旋线的称为单头蜗杆，即蜗杆转一周，蜗轮转过一齿，若蜗杆上有两条螺旋线，就称为双头蜗杆，即蜗杆转一周，蜗轮转过两个齿。

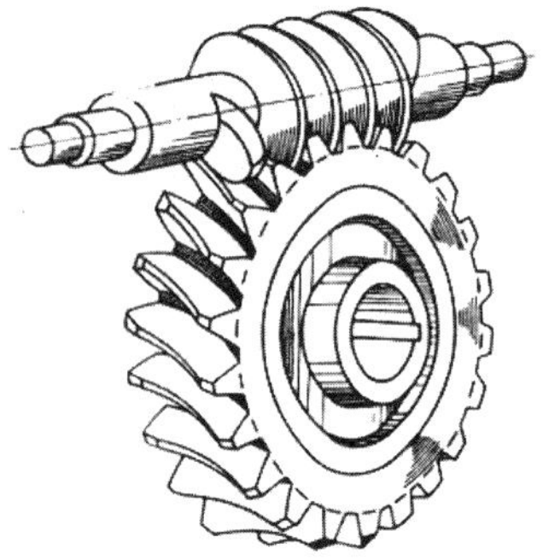

二、蜗杆传动的特点及应用

图 4-22 蜗杆传动

蜗杆传动有如下主要特点：
（1）传动比大，结构紧凑。
（2）传动平稳，无噪声。
（3）具有自锁性。蜗杆的螺旋升角很小时，蜗杆只能带动蜗轮传动，而蜗轮不能带动蜗杆转动。
（4）蜗杆传动效率低，一般认为蜗杆传动效率比齿轮传动低。尤其是具有自锁性的蜗杆传动，其效率在 0.5 以下，一般效率只有 0.7~0.9。
（5）发热量大，齿面容易磨损，成本高。蜗杆传动常用于两轴交错、传动比较大、传递功率不太大或间歇工作的场合。当要求传递较大功率时，为提高传动效率，常取 $Z_1 = 2~4$。此外，由于具有自锁性，故蜗杆传动常用在卷扬机等起重机械中，起安全保护作用。它还广泛应用在机床、汽车、仪器、冶金机械及其它机器或设备中，其原因是因为使用轮轴运动可以减少力的消耗，从而它得到大力推广。

方案二　采用齿轮齿条传动

齿轮齿条传动（见图 4-23）是利用轮齿相互啮合传递动力和运动的机械传动。可以实现把直线运动变为旋转运动，或者把旋转运动变为直线运动。齿轮齿条传动时，可以是齿条不动而齿轮在齿条上滚动带动机件平移，也可以是齿轮在原地旋转，而齿条在齿轮上移动一段距离。

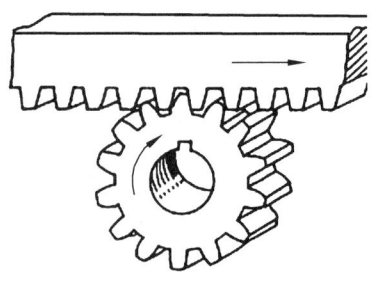

图 4-23　齿轮齿条传动

方案三　采用螺旋传动

螺旋传动（见图 4-24）是利用螺杆和螺母的啮合来传递动力和运动的机械传动。主要用于将旋转运动转换成直线运动，将转矩转换成推力。

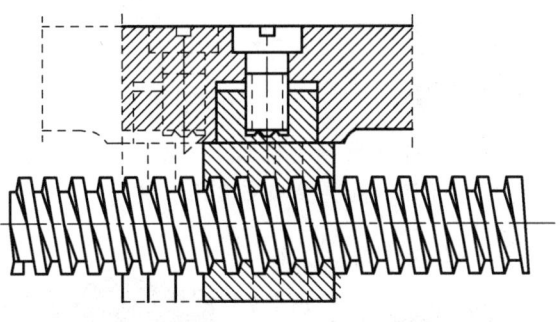

图 4-24　螺旋传动

一、螺旋传动按其工作特点分类

按工作特点，螺旋传动用的螺旋可分为传力螺旋、传导螺旋和调整螺旋。

1. 传力螺旋

以传递动力为主，它用较小的转矩产生较大的轴向推力，一般为间歇工作，工作速度不高，而且通常要求自锁，例如螺旋压力机和螺旋千斤顶上的螺旋。

2. 传导螺旋

以传递运动为主，常要求具有高的运动精度，一般在较长时间内连续工作，工作速度也较高，如机床的进给螺旋（丝杠）。

3. 调整螺旋

用于调整并固定零件或部件之间的相对位置，一般不经常转动，要求自锁，有时也要求很高精度，如机器和精密仪表微调机构的螺旋。

二、螺旋传动按螺纹间的摩擦性质分类

按螺纹间的摩擦性质，螺旋传动可分为滑动螺旋传动和滚动螺旋传动。滑动螺旋传动又可分为普通滑动螺旋传动和静压螺旋传动。

1. 滑动螺旋传动

通常所说的滑动螺旋传动就是普通滑动螺旋传动。滑动螺旋通常采用梯形螺纹和锯齿形螺纹，其中梯形螺纹应用最广，锯齿形螺纹用于单面受力。

2. 滚动螺旋传动

是指用滚动体在螺纹工作面间实现滚动摩擦的螺旋传动，又称滚珠丝杠传动。滚动体通常为滚珠，也有用滚子的。滚动螺旋传动的摩擦系数、效率、磨损、寿命、抗爬行性能、传动精度和轴向刚度等虽比静压螺旋传动稍差，但远比滑动螺旋传动为好。滚动螺旋传动的效率一般在 90% 以上。它不自锁，具有传动的可逆性；但结构复杂，制造精度要求高，抗冲击性能差。

【扩展阅读】 柴油机盘车机构

机车柴油机盘车机构是特设在盘转曲轴的机构（见图 4-25），它可以人力或人控机械慢速转动曲轴，达到对柴油机进行总组装、调整及检查之用。使用时利用蜗杆机构，带动齿轮盘转动，使曲轴转动。

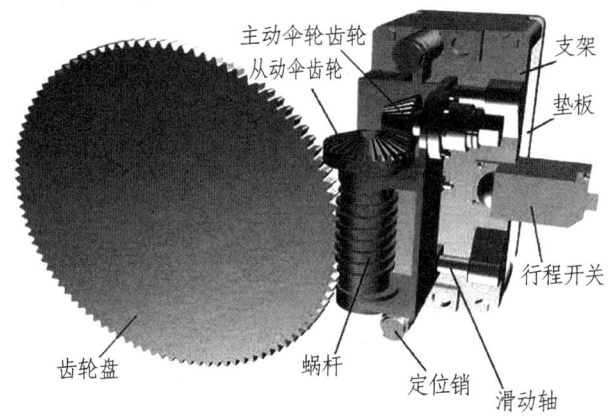

图 4-25 柴油机盘车机构

项目四　如何实现传动过程中从动件有规律变化

【项目描述】

在生产实际中，由于工作需要，要使从动件的位移、速度或加速度按照预定的规律变化，尤其是一些从动件需要按复杂的运动规律运动。那么，如何才能实现呢？

方案一　采用凸轮传动机构

凸轮机构能将主动件的连续等速运动变为从动件的往复变速运动或间歇运动。

凸轮机构主要由凸轮、从动件和机架三个基本构件组成。凸轮是具有曲线或曲面轮廓的构件；从动件是与凸轮始终保持直接接触的构件。因此理论上讲可以使从动件获得所需要的任意的预期运动。

一、凸轮机构按凸轮的形状分类

（1）盘形凸轮：它是凸轮的最基本型式。这种凸轮是一个绕固定轴转动并且具有变化半径的盘形零件。

（2）圆柱凸轮：将移动凸轮卷成圆柱体即成为圆柱凸轮。

（3）移动凸轮：当盘形凸轮的回转中心趋于无穷远时，凸轮相对机架做直线运动，这种凸轮称为移动凸轮。

二、凸轮机构按从动件的形状分类

如表 4-1 所示，按从动件的形状，凸轮机构可分为：

（1）尖端从动件：这种从动件结构最简单，尖顶能与任意复杂的凸轮轮廓保持接触，以实现从动件的任意运动规律。但因尖顶易磨损，仅适用于作用力很小的低速凸轮机构。

（2）滚子从动件：从动件的一端装有可自由转动的滚子，滚子与凸轮之间为滚动摩擦，磨损小，可以承受较大的载荷，因此，应用最普遍。

（3）平底从动件：从动件的一端为一平面，直接与凸轮轮廓相接触。若不考虑摩擦，凸轮对从动件的作用力始终垂直于端平面，传动效率高，且接触面间容易形成油膜，利于润滑，故常用于高速凸轮机构。它的缺点是不能用于凸轮轮廓有凹曲线的凸轮机构中。

（4）曲面从动件：这是尖端从动件的改进形式，较尖端从动件不易磨损。

表 4-1 按从动件分类的凸轮机构

按从动件的 运动形式分类	按从动件的形状分类			
	尖端	滚子	平底	曲面
对心移动从动杆	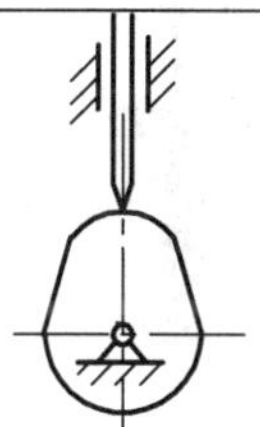	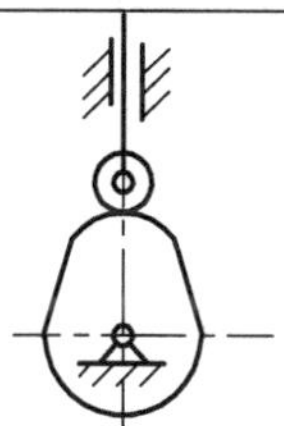	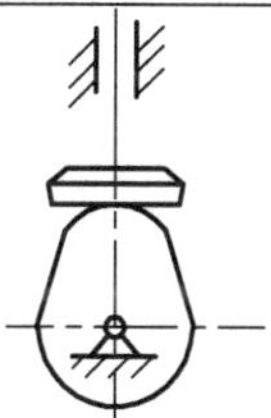	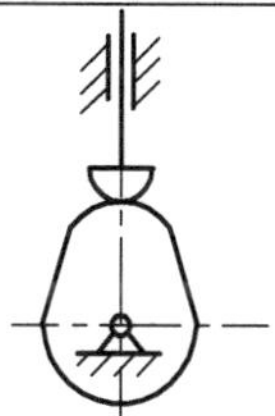
偏置移动从动杆	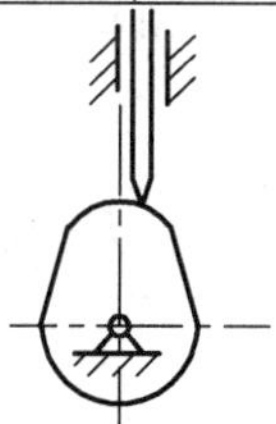	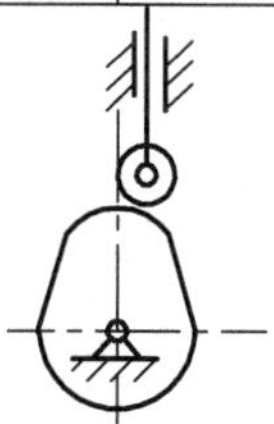	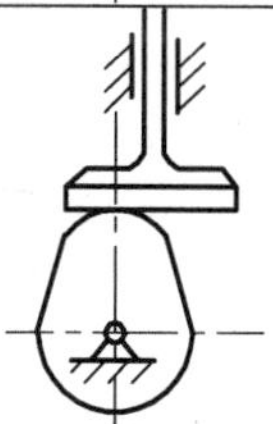	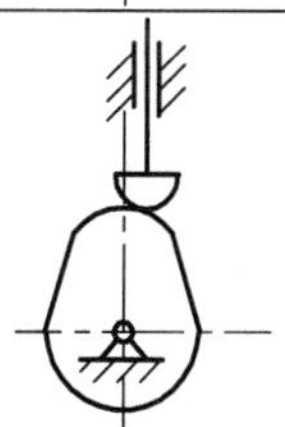
摆动从动杆	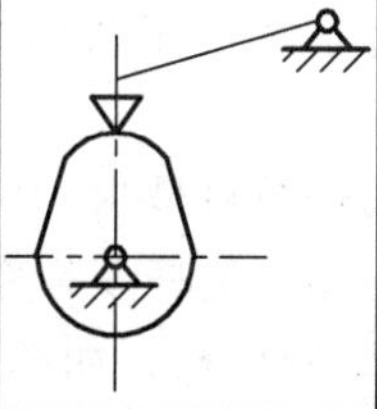	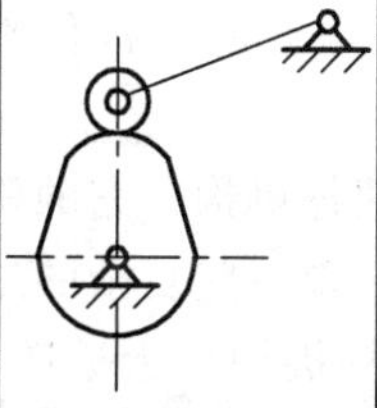	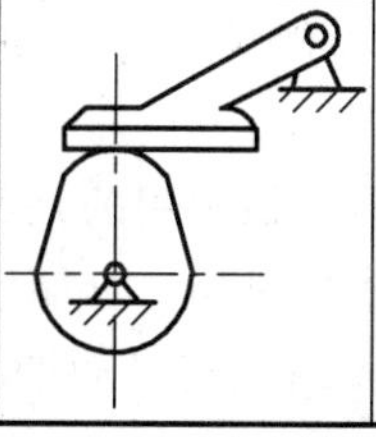	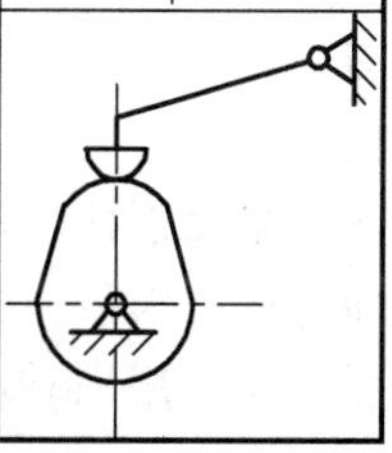

三、凸轮机构按从动件的运动形式分类

如表 4-1 所示，按从动件的运动形式，凸轮机构可分为：
（1）移动从动件：从动件相对机架做往复直线运动。
（2）偏移放置：即不对心放置的移动从动件，相对机架做往复直线运动。
（3）摆动从动件：从动件相对机架做往复摆动。

为了使凸轮与从动件始终保持接触，可以利用重力、弹簧力或依靠凸轮上的凹槽来实现。

凸轮机构可以将凸轮的转动转换为从动件连续或不连续的往复移动或摆动；或者将凸轮的移动转换为从动件的移动或摆动。该机构的最大优点是：只要适当地设计凸轮的轮廓，就可以使从动件获得各种预期的运动规律，而且结构简单紧凑。其缺点是：凸轮与从动件为高副接触，易于磨损，所以凸轮机构多用于传递功率不大的场合。

【扩展阅读】 内燃机车的配气机构

图 4-26 所示为内燃机的配气机构。当凸轮转动时，依靠凸轮的轮廓迫使气门向上移动，打开气门（借助弹簧的作用力关闭），这样，就可以按预定时间打开或关闭气门，以完成内燃机的配气动作。气门的运动规律决定于凸轮轮廓的形状。

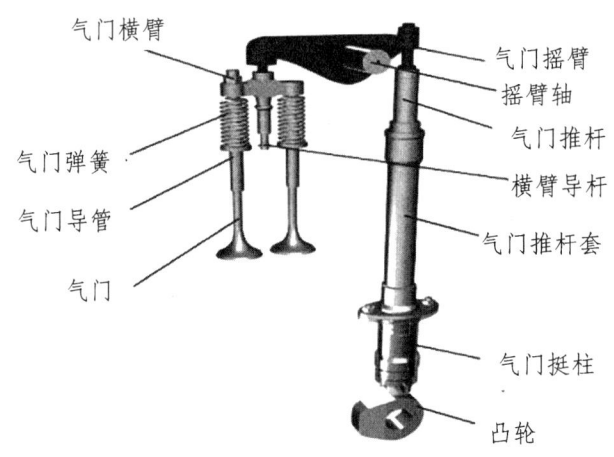

图 4-26 内燃机的配气机构

方案二 平面连杆机构

机器的主体部分由许多运动件组成，用于传递运动和力。以一个构件为机架的、构件间能够相对运动的构件系统称为机构。所有构件都在相互平行的平面内运动的机构称为平面机构。

平面连杆机构中最常用的是四杆机构，它的构件数目最少，且能转换运动。多于四杆的平面连杆机构称为多杆机构，它能实现一些复杂的运动，但杆多且稳定性差。

全部用回转副组成的平面四杆机构称为铰链四杆机构，如图 4-27 所示。机构的固定件 4

称为机架；与机架用回转副相联接的杆 1 和杆 3 称为连架杆；不与机架直接联接的杆 2 称为连杆。能做整周转动的连架杆称为曲柄。仅能在某一角度摆动的连架杆称为摇杆。对于铰链四杆机构来说，机架和连杆总是存在的，因此，可按照连架杆是曲柄还是摇杆，将铰链四杆机构分为三种基本形式：曲柄摇杆机构、双曲柄机构和双摇杆机构。

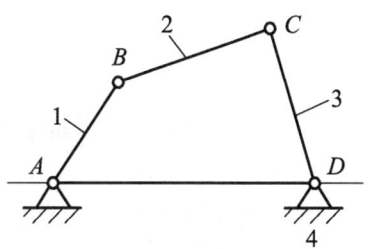

图 4-27　铰链四杆机构

曲柄摇杆机构：在铰链四杆机构中，若两个连架杆中，一个为曲柄，另一个为摇杆，则此铰链四杆机构称为曲柄摇杆机构。

双曲柄机构：两连架杆均为曲柄的铰链四杆机构称为双曲柄机构。在双曲柄机构中，通常主动曲柄做等速转动，从动曲柄做变速转动。

双摇杆机构：两连架杆均为摇杆的铰链四杆机构称为双摇杆机构。两摇杆长度相等的双摇杆机构称为等腰梯形机构

【扩展阅读】　内燃机平面连杆机构

图 4-28 所示为柴油机曲柄连杆机构。曲柄连杆机构的作用是提供燃烧场所，把燃料燃烧后气体作用在活塞顶上的膨胀压力转变为曲轴旋转的转矩，不断输出动力。曲柄连杆机构是发动机实现工作循环、完成能量转换的主要运动零件。在做功冲程，它将燃料燃烧产生的热能使活塞往复运动、曲轴旋转运动而转变为机械能，对外输出动力；在其他冲程，则依靠曲柄和飞轮的转动惯性、通过连杆带动活塞上下运动，为下一次做功创造条件。

曲柄连杆机构一般由机体组、活塞连杆组和曲轴飞轮组三部分组成。

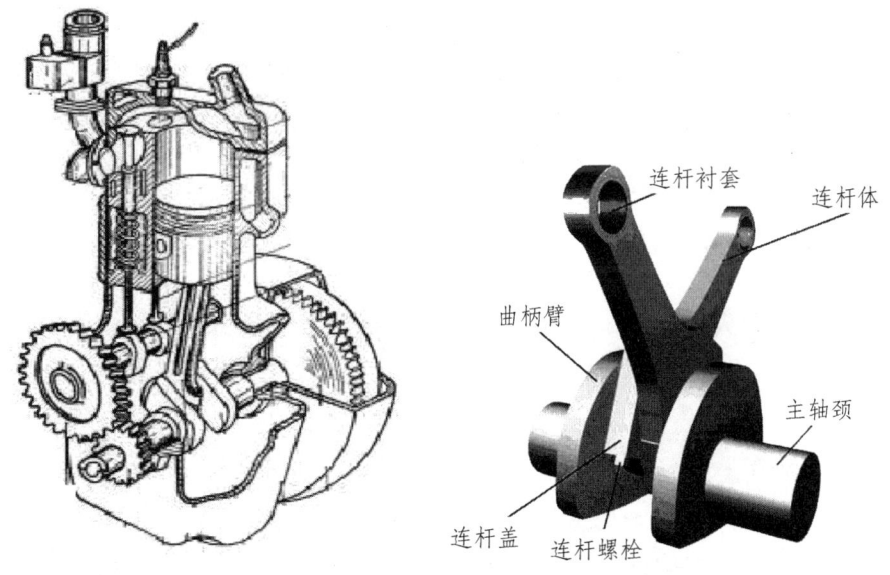

图 4-28　柴油机曲柄连杆机构

【课后任务】

1. 根据所学知识，在机车上（或其它机械装置）查找、观察齿轮传动、带传动等应用的位置，并根据需要进行故障检查，写出相应的实验报告。

2. 根据所学知识，在机车上（或其它机械装置）查找、观察气压传动、液压传动等应用的位置，并根据需要进行故障检查，写出相应的实验报告。

3. 根据所学知识，在机车上（或其它机械装置）查找、观察蜗杆传动、螺旋传动等应用的位置，并根据需要进行故障检查，写出相应的实验报告。

4. 根据所学知识，在机车上（或其它机械装置）查找、观察凸轮机构和四杆机构等应用的位置，并根据部件的用途进行故障检查，写出相应的实验报告。

模块五　机车部件的联接

项目一　机车部件是如何联接并固定的？

【项目描述】

机车是由各种零部件组成的，而零部件又是靠一定的形式联接起来的，零部件的联接应安全牢固，以保证部件稳定工作。例如，内燃机车柴油机需要联接固定在车体上，架悬式牵引电机要联接固定在转向架上等。如何根据部件的工作情况使用不同的联接方式，保证部件联接牢固并符合工作要求，是生产实际中必须解决的重要问题。

以下介绍五种方案都能够进行部件的联接，方案本身没有优劣的可比性，应用时要根据工作要求、工作环境、工艺条件等灵活选用，采用最适宜的方案。

方案一　采用螺纹联接

螺纹联接是一种广泛使用的可拆卸的固定联接，具有结构简单、联接可靠、装拆方便等优点。螺纹由圆柱体外表面具有的外螺纹（螺杆）和圆柱孔内表面具有的内螺纹（螺母）相互配合组成，见图 5-1。内螺纹与外螺纹形成螺旋副，螺纹联接利用螺旋副固定零件间的相互位置，形成可拆卸的静联接。

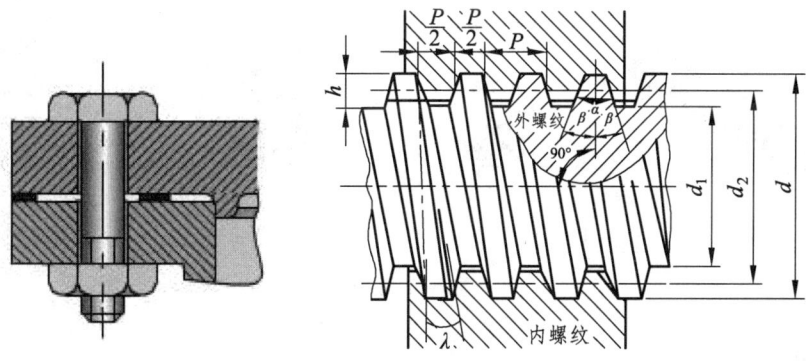

图 5-1　螺纹联接

螺纹联接由联接件和被联接件组成，有螺栓联接、双头螺柱联接、螺钉联接、紧定螺钉联接四种基本形式。

一、螺　栓

螺栓是一端有头，另一端制有螺纹的圆柱杆，其中六角头螺栓最常用，有粗牙和细牙两种，杆部有部分螺纹和全螺纹两种。常见螺栓类型见图 5-2。

用途：如图 5-2 所示，无须在被联接件上切制螺纹，用于通孔并能从联接件两边进行装配的场合。螺栓联接是机车上用途最为广泛的联接方式，例如，在油水管路的法兰联接、车钩缓冲器外罩紧固、轴头端盖紧固，等等。

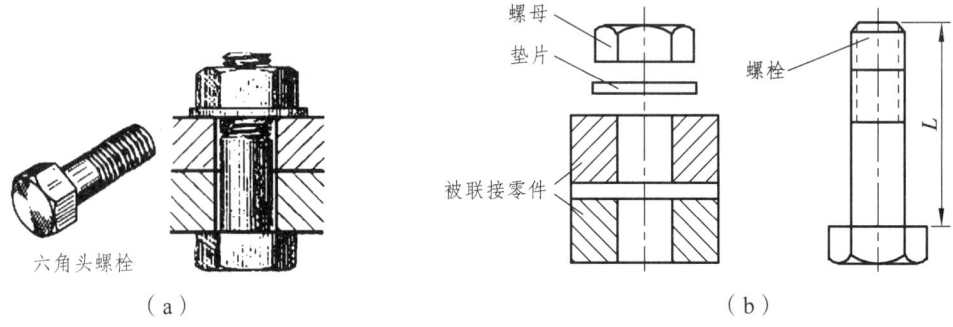

图 5-2　螺栓联接

二、双头螺柱

双头螺柱的两端制有螺纹，有等长及不等长两种，如图 5-3 所示。A 型带退刀槽，末端倒角，B 型制成腰杆，末端碾制。双头螺柱要配合螺母一起使用，六角螺母最常用，标准螺母的高一般是直径的 0.8 倍。

用途：螺柱座端旋入并紧定在被联接件之一的螺纹孔中，用于受结构限制而不能用螺栓或希望联接结构较紧凑且时常装拆的场合。在机车上双头螺柱常用于检查孔盖的密封紧固，如内燃机车柴油机检查孔盖、牵引电机端盖等。

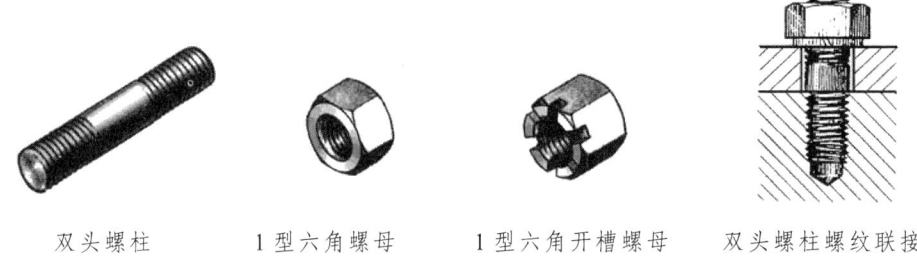

图 5-3　双头螺柱

三、螺　钉

螺钉头部有六角头、圆柱头、半圆头、沉头等形状；一字槽及便于自动装配的十字槽、能承受较大转矩的内六角孔等形式，如图 5-4 所示。机器上常设吊环螺钉。螺栓也可以作螺钉使用。

项目一　机车部件是如何联接并固定的？

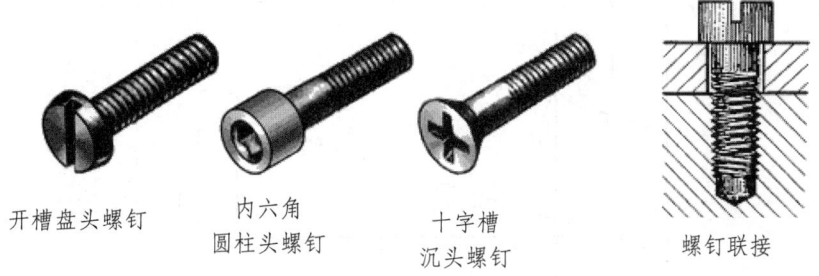

开槽盘头螺钉　　内六角圆柱头螺钉　　十字槽沉头螺钉　　螺钉联接

图 5-4　螺钉

用途：使用时不用螺母配合，而且部件能有光整的外露表面，应用与双头螺柱联接相似，但不宜用于经常装拆的联接，以免损坏被联接件的螺纹孔。例如机车操纵台面板及仪表固定均使用螺钉联接。

四、紧定螺钉

如图 5-5 所示，紧定螺钉旋入被联接件之一的螺纹孔中，其末端顶住另一被联接件的表面或顶入相应的坑中，以固定两个零件的相互位置，并可传递不大的力或转矩。

用途：如图 5-6 所示，在机车中，紧定螺钉常用在轴联接部件的固定上，例如测速发电机皮带轮的固定、小型联轴节的固定等。

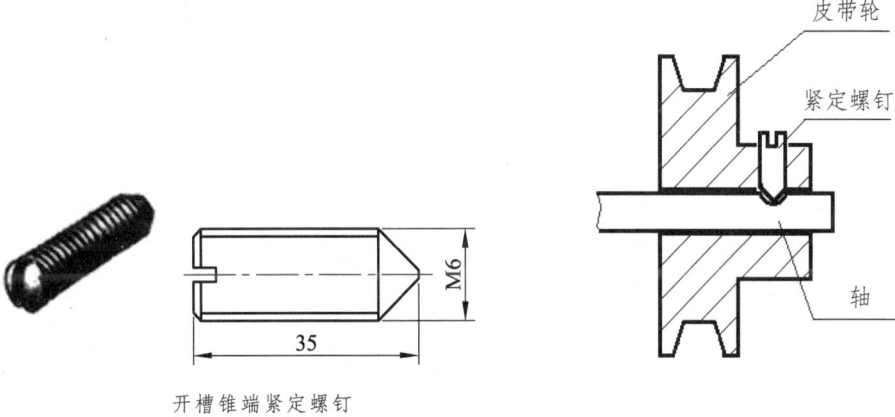

开槽锥端紧定螺钉

图 5-5　紧定螺钉　　　　　　　　图 5-6　紧定螺钉的应用

【扩展阅读】

一、螺纹的形成

如图 5-7 所示，将一直角三角形绕在圆柱表面上，则三角形的斜边在圆柱体表面形成一条螺旋线。三角形的斜边与底边的夹角 λ，称为螺旋线升角。若取一平面图形，使其平面始终通过圆柱体的轴线并沿着螺旋线运动，则这平面图形在空间形成一个螺旋形体，称为螺纹。此平面图形称为牙型。

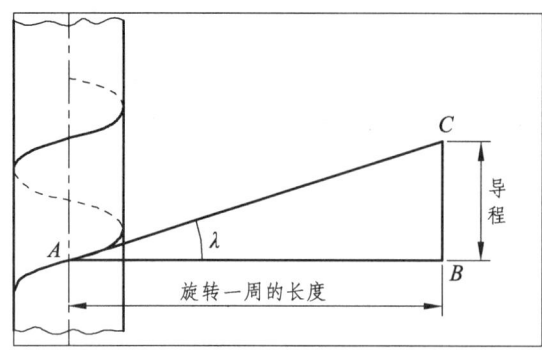

图 5-7 螺纹的形成

二、螺纹的分类

1. 按空间位置分

按照空间位置，分内螺纹和外螺纹两种，如图 5-8 所示。

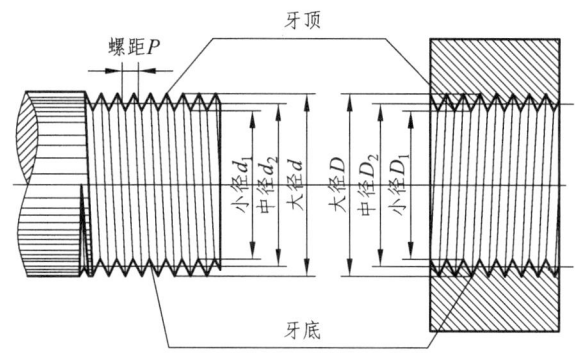

图 5-8 外螺纹与内螺纹

2. 按牙型分

按照牙型的不同，螺纹可分为普通螺纹（三角形螺纹）、管螺纹、矩形螺纹、梯形螺纹、锯齿形螺纹等（见图 5-9）。除矩形螺纹外，均已标准化。除管螺纹采用英制（以每英寸牙数表示螺距）外，均采用公制。

（1）普通螺纹的牙型为等边三角形，$\alpha = 60°$，故又称为三角形螺纹。对于同一公称直径，按螺距大小分为粗牙螺纹和细牙螺纹。粗牙螺纹常用于一般联接；细牙螺纹自锁性好，强度高，但不耐磨，常用于细小零件、薄壁管件，或用于受冲击、振动和变载荷的联接，有时也作为调整螺纹用于微调机构。例如：机车轮对轴箱螺栓采用粗牙螺纹，机车冷却水管路用紧固螺栓多采用细牙螺纹。

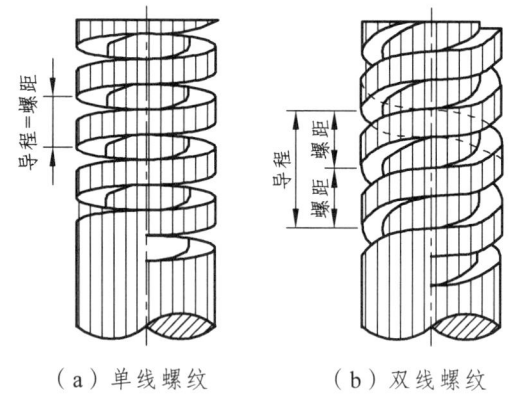

（a）单线螺纹　　（b）双线螺纹

图 5-9 螺纹的牙型

（2）管螺纹的牙型为等腰三角形，$\alpha = 55°$，内外螺纹旋合后无径向间隙，用于有紧密性要求的管件联接。例如，暖气管路采用管螺纹。

(3)矩形螺纹、梯形螺纹、锯齿形螺纹常用于传动螺纹。

3. 按线数分

按线数分为单线螺纹和多线螺纹。

一条螺旋线的螺纹称为单线螺纹,两条以上螺旋线的螺纹分别称为双线螺纹、三线螺纹等,统称为多线螺纹(见图5-10)。

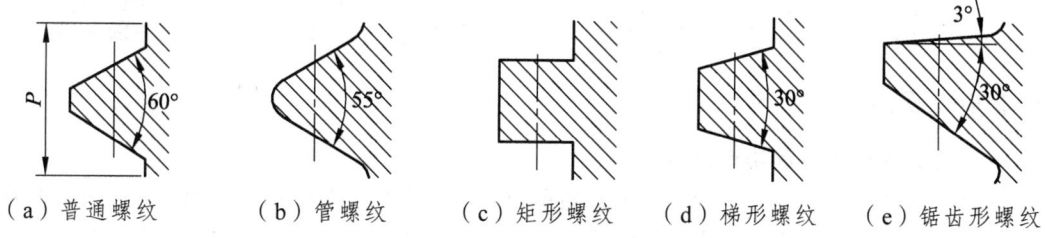

(a)普通螺纹　　(b)管螺纹　　(c)矩形螺纹　　(d)梯形螺纹　　(e)锯齿形螺纹

图5-10　单线螺纹与双线螺纹

4. 按旋入方向分

按旋入方向分左旋螺纹和右旋螺纹两种,在机械制图中右旋不标注,左旋加LH,如M24×1.5LH(见图5-11)。

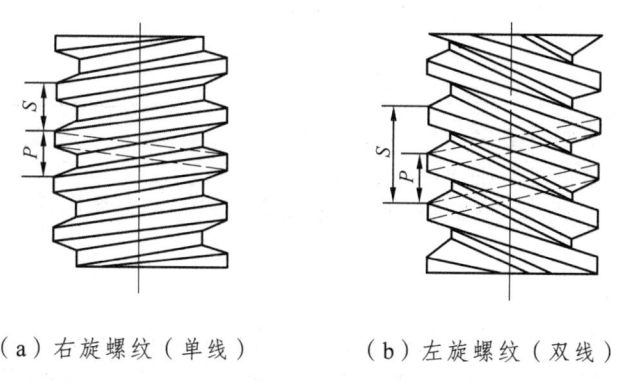

(a)右旋螺纹(单线)　　(b)左旋螺纹(双线)

图5-11　右旋螺纹与左旋螺纹

机车部件用螺纹联接多数采用右旋螺纹,只有一些有特殊要求的部件采用左旋螺纹。例如:内燃机车联合调节器最高转速止钉,在工作时要不断进行碰撞,由于碰撞位置的原因,如果采用右旋螺纹会导致螺钉松动,所以要采用左旋螺纹。

三、螺纹的参数

如图5-1、图5-8所示,螺纹的参数包括:

(1)螺纹大径(D,d)——螺纹的最大直径,即与外螺纹牙顶或内螺纹牙底相重合的假想圆柱面的直径。对内螺纹用D表示,外螺纹用d表示。规定其为螺纹的公称直径。

(2)螺纹小径(D_1,d_1)——螺纹的最小直径,即与外螺纹牙底或内螺纹牙顶相重合的假想圆柱面的直径。对内螺纹用D_1表示;外螺纹用d_1表示。

(3)螺纹中径(D_2,d_2)——螺纹中径是一个假想的圆柱直径,该圆柱的母线通过螺纹牙型上的沟槽宽度和凸起宽度相等的地方,此假想圆柱的直径称为中径。内螺纹用D_2表示,外螺纹用d_2表示。

（4）螺距（P）——相邻两牙在中径线上对应两点间的轴向距离。用 P 表示。

（5）导程（L）——在同一条螺旋线上的相邻两牙在中径线上对应两点间的轴向距离。对于单线螺纹，$L=P$；对于螺旋线数为 n 的多线螺纹，$L=nP$。

（6）螺纹升角（λ）——在中径圆柱上，螺旋线的切线与垂直于螺纹轴线的平面间的夹角。

（7）牙型角（α）——在轴向剖面内，螺纹牙型两侧边的夹角。

（8）牙侧角（β）——在轴向剖面内，螺纹牙型一侧边与螺纹轴线的垂线间的夹角。

（9）螺纹旋合长度——两个相互配合的螺纹，沿螺纹轴线方向相互旋合部分的长度。

【方案应用要点】

一、准确施以螺纹联接预紧力

在螺纹联接的应用中，多数情况要求将螺纹拧紧。将螺母施以足够大的力矩，使联接部件产生弹性变形，在联接部件的表面产生压力和较大的摩擦力，以克服外力和载荷。拧紧力矩会使螺栓产生拉伸弹性变形，这个使螺栓产生拉伸作用的力称为预紧力。预紧力越大，螺栓弹性变形也大，对联接部件的压力也就越大。

在实际应用中，对联接部件一定要施以足够的预紧力，保证联接的紧密性，防止受载后联接部件间出现缝隙，使位置保持稳定，不发生相对位移。注意：预紧力不是越大越好，而是要按照技术要求准确实施预紧力。预紧力越大，螺栓伸长量就越大，如果预紧力过大，螺栓有可能会由于过度拉伸而产生断裂。例如：对内燃机车柴油机主轴瓦紧固螺栓进行紧固时，需要按照力矩标记准确施以预紧力（见图 5-12）。

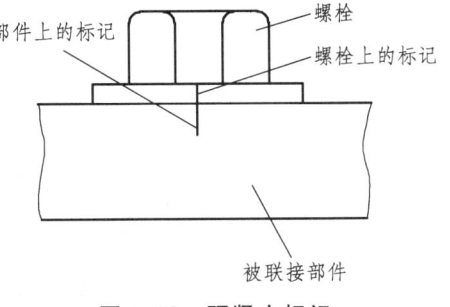

图 5-12 预紧力标记

二、正确的拧紧顺序

同一联接部件需要多个螺栓紧固时，为了使被联接件均匀受压，互相贴合紧密、联接牢固，在装配时要根据螺栓实际分布情况，按一定的顺序（见图 5-13）逐次（常为 2~3 次）拧紧。

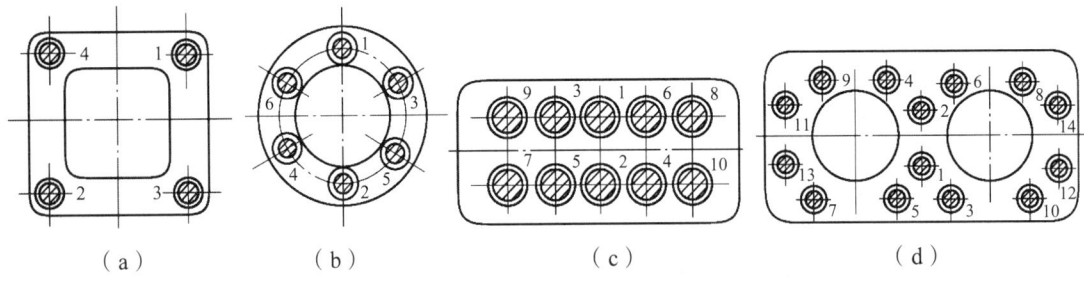

图 5-13 螺栓的拧紧顺序

三、合理的防缓措施

螺纹联接一般都具有自锁性，在承受静载荷时一般不会出现松动，但在承受振动的交变载荷时有可能会发生自动松脱。所以在使用螺纹联接时，同时要根据部件的工作要求采取不同的防缓措施。

1. 用附加摩擦力的防松装置

（1）双螺母防松：如图 5-14 所示，依靠两螺母间产生的摩擦力来防松。这种方法会增加被联接件的重量和占用空间，在高速和振动时使用不够可靠。

（2）弹簧垫圈防松：如图 5-15 所示，弹簧垫圈上开有 70°～80° 的斜口，并在斜面处上下拨开。弹簧垫圈放在螺母下面，拧紧螺母时使垫圈受压，由于垫圈的弹性作用顶住螺母，使螺栓产生轴向张紧力，从而在螺牙间产生附加摩擦力，同时借弹簧垫圈斜口的楔角抵住螺母和支承面，防止螺母回松。这种防松装置的特点是：容易刮伤螺母和被联接零件表面，同时由于弹力不均，螺母可能斜。但由于它的结构简单和防松可靠，所以应用较普遍。

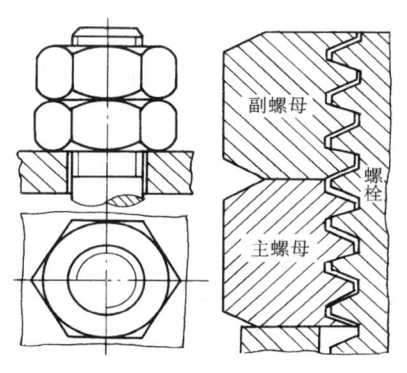

图 5-14 双螺母锁紧

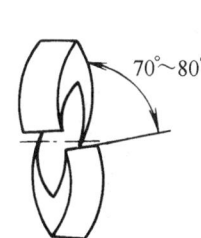

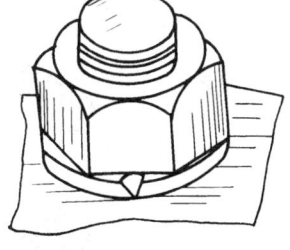

图 5-15 弹簧垫圈防松

2. 机械方法防松装置

（1）开口销与带槽螺母：如图 5-16 所示，在螺栓上钻孔，穿入开口销，把螺母直接锁紧在螺栓上，这种方法防松可靠，多用于受冲击、振动的地方。

（2）圆螺母与止动垫圈：如图 5-17 所示，装配时先将垫圈内翅插入螺栓槽中，拧紧螺母后，再把外翅弯入螺母缺口内。

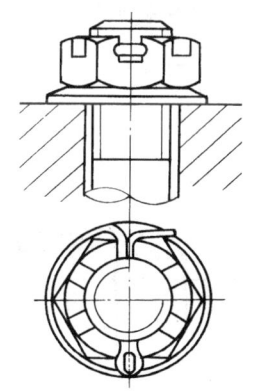

图 5-16 用开口销与带槽螺母防松装置

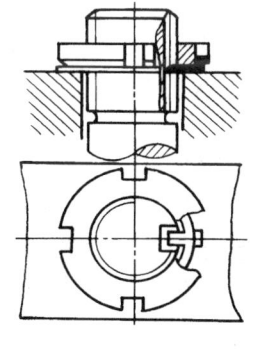

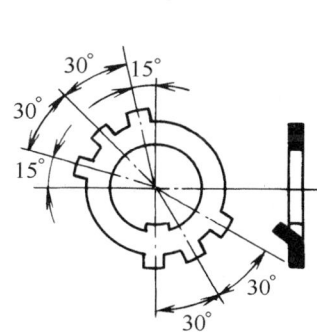

图 5-17 圆螺母与止动垫圈防松装置

（3）六角螺母与带耳止动垫圈：如图 5-18 所示，先将垫圈一耳边向下弯折，使之与被联接件的一边贴紧，当拧紧螺母后，再将垫圈的另一耳边向上弯折与螺母的边缘贴紧而起到防松作用。

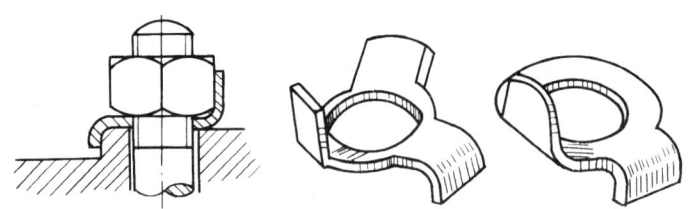

图 5-18　六角螺母与带耳止动垫圈防松装置

（4）串联钢丝：如图 5-19 所示，这种装置是用钢丝连续穿过一组螺钉头部的小孔（或螺母），利用拉紧的钢丝的作用来防止回松。它适用于布置较紧凑的成组螺纹联接。装配时应注意钢丝的穿绕方向。图 5-19（b）中虚线所示的钢丝穿绕方向是错误的，螺钉仍可回松。

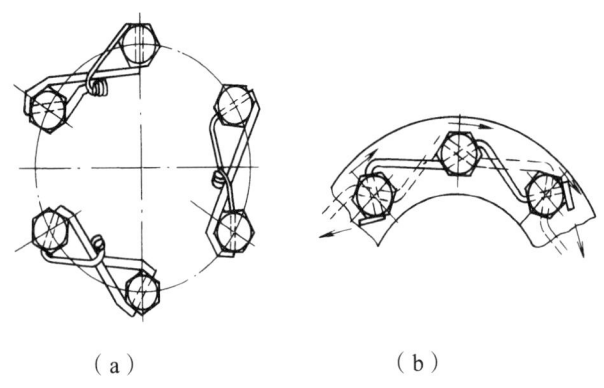

（a）　　　　　　　（b）

图 5-19　串联钢丝防松装置

3. 点铆方法防松

装配时，当螺钉或螺母被拧紧后，用样冲在端面、侧面点铆方法，可防止回松。图 5-20 所示是在螺钉上点铆，图 5-21 所示是在螺母侧面点铆。这种方法防松比较可靠，但拆卸后的联接零件不能再用。

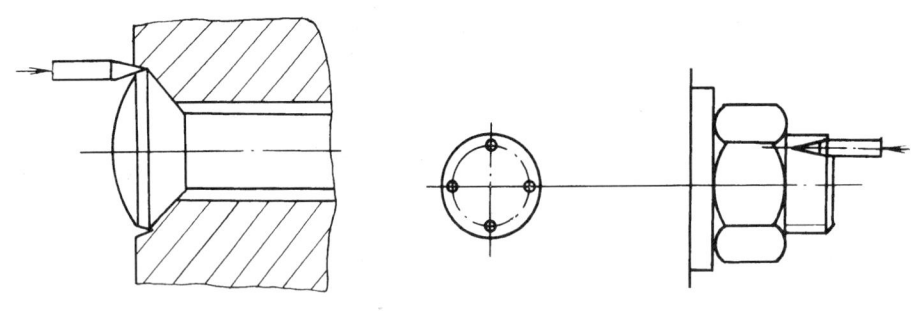

图 5-20　在螺钉上点铆　　　图 5-21　在螺母侧面点铆

4. 粘接防松装置

一般采用厌氧胶粘剂涂于螺纹旋合表面，拧紧后，胶粘剂能自行固化从而达到防止回松。

方案二 采用铆接

在机车部件的装配过程中，还可以使用铆接的联接方式。运用铆钉联接两件或两件以上工件的方式称为铆接。铆接是利用拉力膨胀原理紧密铆接物体的。

在铆接的过程中需要使用铆钉。如图 5-22 所示，铆钉是一种金属制一端有帽的杆状零件，穿入被联接的构件后，在杆的外端打压出另一头，将构件压紧、固定。在铆接中，铆钉利用自身形变或过盈联接被铆接件的零件。铆钉种类很多，而且不拘形式。常用的有半圆头、平头、半空心铆钉，实心铆钉、沉头铆钉、抽芯铆钉、空心铆钉等。

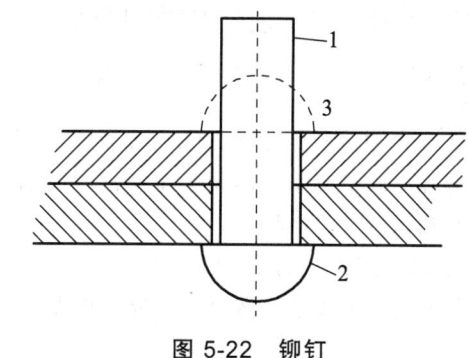

图 5-22 铆钉
1—铆钉杆；2—铆钉原头；3—铆成的铆钉头（铆合头）

铆接可以用于以下几种方式：

（1）活动铆接。结合件可以相互转动，不是刚性联接，如剪刀、钳子等工具的铆接。在机车上，活动铆接多用在活动部件上，如滚轮、滚动轴承的滚子固定及拉杆联接。

（2）固定铆接。结合件不能相互活动，为刚性联接，如角尺、桥梁建筑等。在机车上主要用于墙壁面板和部件铭牌的固定。

（3）密封铆接。铆缝严密，不漏气体、液体，为刚性联接。用于低压容器装置以及各种气体、液体管路装置，如气筒、水箱、油罐等。这种铆接只能承受很小的均匀压力，但对接缝处要求非常严密，以防止渗漏。

【方案应用要点】

一、采用合理的铆接方式

按铆接方法不同，铆接可分为三种：

（1）冷铆：铆接时，铆钉不需加热，直接全部镦出铆合头。因此铆钉材料必须具有较高的延展性。直径在 8 mm 以下的钢制铆钉都可用冷铆方法铆接。

（2）热铆：把铆钉整个加热到一定温度，然后再铆接。因铆钉受热后塑性好，容易成形，并且在冷却后铆钉杆收缩，更加大了结合强度。所以在热铆时把孔径放大 0.5~1 mm，使铆钉在热态时容易插入。直径大于 8 mm 的钢铆钉大多用热铆。

（3）混合铆：用混合铆铆接时，只加热铆钉的铆合头端部。对细长的铆钉常采用这种方法，以免铆接时铆钉杆弯曲。

二、选用合适的铆钉

1. 确定铆钉直径

铆接时铆钉直径的大小与被联接板厚度、联接形式及被联接板材料等多种因素有关。当被联接板材厚度相同时，铆钉直径一般等于板厚的 1.8 倍。当被联接板材厚度不同而搭接联接时，铆钉直径一般等于最小板厚的 1.7 倍。

2. 确定铆钉长度

铆钉长度与铆接板料厚度和铆合头形状有关。铆接时铆钉所需的长度应等于铆接板料总厚度与铆钉伸出长度之和。铆钉杆的伸出长度必须合适，过长或过短都会造成铆接废品。

经验证明，钉杆长度按下式确定：

半圆头铆钉： $L = \sum \delta + (1.25 \sim 1.5)d$

沉头铆钉： $L = \sum \delta + (0.8 \sim 1.2)d$

式中：$\sum \delta$ 为铆接板厚之和，mm；L 为钉杆长度，mm；d 为钉杆直径，mm。

当铆合头质量要求较高时，应通过试铆确定。

3. 严格执行工艺要求

铆接工艺过程：钻孔→（锪窝）→（去毛刺）→插入铆钉→顶模（顶把）顶住铆钉→旋铆机铆成形（或手工墩紧→墩粗→铆成→罩形）。

方案三　采用销联接

在部件联接时，使用销钉固定其相对位置，称为销联接，即用销钉将部件穿接起来。

在机车上，销联接应用在定位、联接和安全防护等方面。常用的销有圆柱销、圆锥销和开口销。圆柱销、圆锥销可起定位和联接作用。开口销常与带孔螺栓和六角开槽螺母配对使用，把销插入螺栓的孔与螺母的槽中，以防螺母松脱。

一、定　位

在机车上，很多部件在安装时要进行准确的定位，一旦定位偏差会对部件工作造成影响，如电机底座、轴箱弹簧等。这些部件都使用销联接进行定位，用于定位的销钉称为定位销，主要包括圆柱销和圆锥销，如图5-23所示。

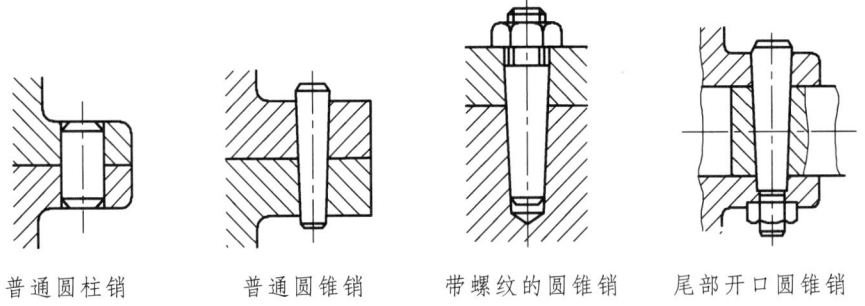

普通圆柱销　　普通圆锥销　　带螺纹的圆锥销　　尾部开口圆锥销

图 5-23　定位销

圆柱销利用微量的过盈固定在光孔中，多次装拆将有损于联接的紧固和定位精度。圆锥销具有1∶50的锥度，小端直径是标准值，定位精度高，自锁性好，安装比圆柱销方便，多次装拆对定位精度的影响也较小，用于经常装拆的联接。

二、联 接

销钉也可用于部件的联接,用以传递不大的载荷。如图 5-24 所示,这种联接可以是固定联接,也可以是活动联接。销轴是一类标准化的紧固件,既可静态固定联接,亦可与被联接件做相对运动,主要用于两零件的铰接处,构成铰链联接。销轴通常用开口销锁定,工作可靠,拆卸方便。

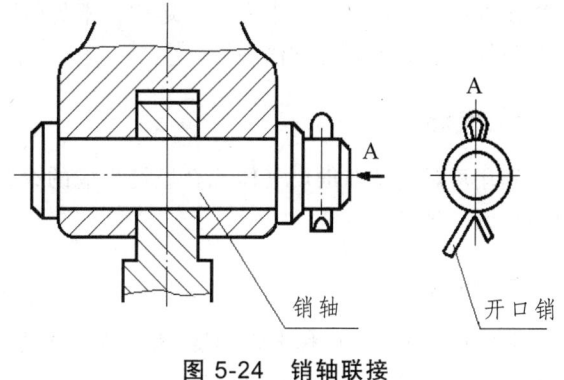

图 5-24 销轴联接

三、安全防护

机械装置在一些关键部位安装安全销,起到安全防护作用。安全销承受剪切力,当剪切力大于全安值时,安全销就会剪断,触发安全保护装置,起到安全防护作用。

方案四 采用焊接

焊接是指利用局部加热或加压,或两者并用,并且用或不用填充材料,使分离的两部分金属通过原子的扩散与结合,形成永久性联接的一种工艺方法。如图 5-25 所示,在机械加工中,焊接是常用的部件联接方式,在机车上,箱体部件多采用焊接方式联接而成,在对部件裂纹的修补中也多采用焊接方式。

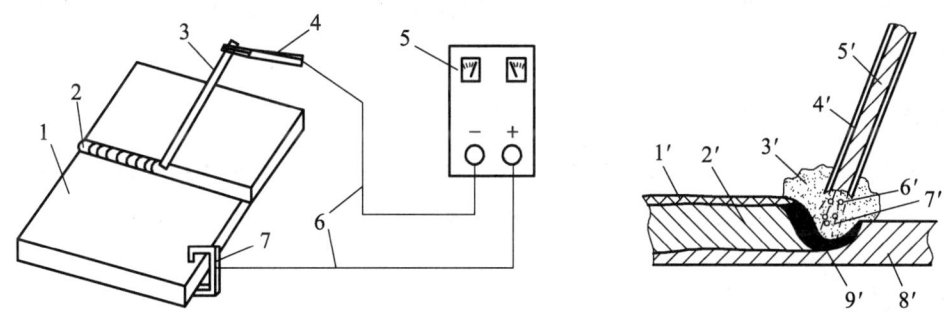

图 5-25 焊接(电弧焊)

1—零件;2—焊缝;3—焊条;4—焊钳;　　1′—熔渣;2′—焊缝;3′—保护气体;4′—药皮;
5—焊接电源;6—电缆;7—地线夹头　　　5′—焊芯;6′—熔滴;7′—电弧;8′—母材;9′—熔池

到目前为止,焊接的基本方法分为三大类,即熔焊、压焊和钎焊,有 20 多种。

一、熔化焊

熔焊是指焊接过程中将工件接头加热至熔化状态,不加压力完成焊接的方法。它是最基本的焊接方法,在焊接生产中占主导地位,常见的熔焊方法有气焊、电弧焊、电渣焊等,大多数机车部件采用这种焊接方法。

1. 气焊

利用可燃气体与助燃气体混合燃烧生成的火焰为热源,熔化焊件和焊接材料使之达到原子间结合的一种焊接方法。

2. 电焊

利用电弧放电(俗称电弧燃烧)所产生的热量将焊条与工件互相熔化并在冷凝后形成焊缝,从而获得牢固接头的焊接过程。

3. 电渣焊

电渣焊是利用电流通过熔渣所产生的电阻热作为热源,将填充金属和母材熔化,凝固后形成金属原子间牢固连接。在开始焊接时,使焊丝与起焊槽短路起弧,不断加入少量固体焊剂,利用电弧的热量使之熔化,形成液态熔渣,待熔渣达到一定深度时,增加焊丝的送进速度,并降低电压,使焊丝插入渣池,电弧熄灭,从而转入电渣焊焊接过程。

二、压焊

压焊是指焊接过程中对工件施加压力(加热或不加热)完成焊接的方法。压焊只适用于塑性较好的金属材料的焊接,常见的压焊方法有电阻焊、摩擦焊等。

1. 电阻焊

工件组合后通过电极施加压力,利用电流通过接头的接触面及邻近区域产生的电阻热进行焊接的方法。

2. 摩擦焊

在压力作用下,通过待焊界面的摩擦使界面及其附近温度升高,材料断面达到热塑性状态,伴随着材料产生塑性流变,通过界面的分子扩散和再结晶而实现焊接的固态焊接方法。

三、钎 焊

钎焊是将比母材(被焊接的材料的总称)熔点低的填充金属(钎料)熔化之后填充工件接头间隙,并与固态母材相互扩散实现联接的焊接方法,常见的钎焊方法有软钎焊和硬钎焊。例如,电气线路的焊接就是最常见的软钎焊,而铁轨接缝的焊接则采用硬钎焊方法。

【方案应用要点】

(1)焊接联接性能好,具有较好的机械性能、密封性、导电性、耐腐蚀性、耐磨性等,但会产生残余应力和变形,影响零部件与金属结构的形状、尺寸,增加工作时的应力,降低承载能力。

（2）焊接省料、省工、成本低；比一般铆接节省金属材料10%~20%，生产周期短，可焊补，简化工艺，可以小拼大，以简单拼复杂，但焊接结构不可拆卸，更换修理部分零部件不方便。

（3）焊接接头的组织和性能往往要变坏，易产生焊接缺陷，如裂纹、未焊透、夹渣、气孔等，引起应力集中，降低承载能力，缩短使用寿命。

方案五　采用胶接

胶接是利用粘结剂在联接面上产生的机械结合力、物理吸附力和化学键合力而使两个胶接件联接起来的工艺方法。

【方案应用要点】

（1）胶接工艺简便，不需要复杂的工艺设备。
（2）胶接不仅适用于同种材料，也适用于异种材料。
（3）胶接操作不必在高温高压下进行，因而胶接件不易产生变形，接头应力分布均匀。
（4）在通常情况下，胶接接头具有良好的密封性、电绝缘性和耐腐蚀性。
（5）胶接较易受工作环境制约，如油、水、温度等都会影响胶接的强度。
（6）胶接与焊接、螺纹联接、销联接等部件联接方法相比，精度较低、强度也较差。

在机车上，胶接多用于密封，如油水管路的法兰接头、密封盖接缝处都使用密封胶来加强部件的密封。

项目二　轴与轴间要如何进行联接？

【项目描述】

在机车上，除了固定部件需要进行联接，一些运动部件也需要进行联接，并进行力或力矩的传递。其中，轴与轴之间的联接比较多见，不同的工作环境和工作要求需要采取不同的联接方案。

【扩展阅读】

常见的轴有曲轴、直轴和软轴三种（见图5-26、图5-27）。
直轴又可分为：
（1）转轴，工作时既承受弯矩又承受扭矩，是机械中最常见的轴，如机车轮轴。
（2）心轴，用来支承转动零件，只承受弯矩而不传递扭矩，有些心轴转动，如车辆轮轴等（见图5-28），有些心轴则不转动，如自行车前轮轴（见图5-29）。
（3）传动轴，主要用来传递扭矩而不承受弯矩，如内燃机车柴油机与变速箱用传动轴相连并传递扭矩、CRH5型动车组牵引电机使用传动轴驱动轮对。

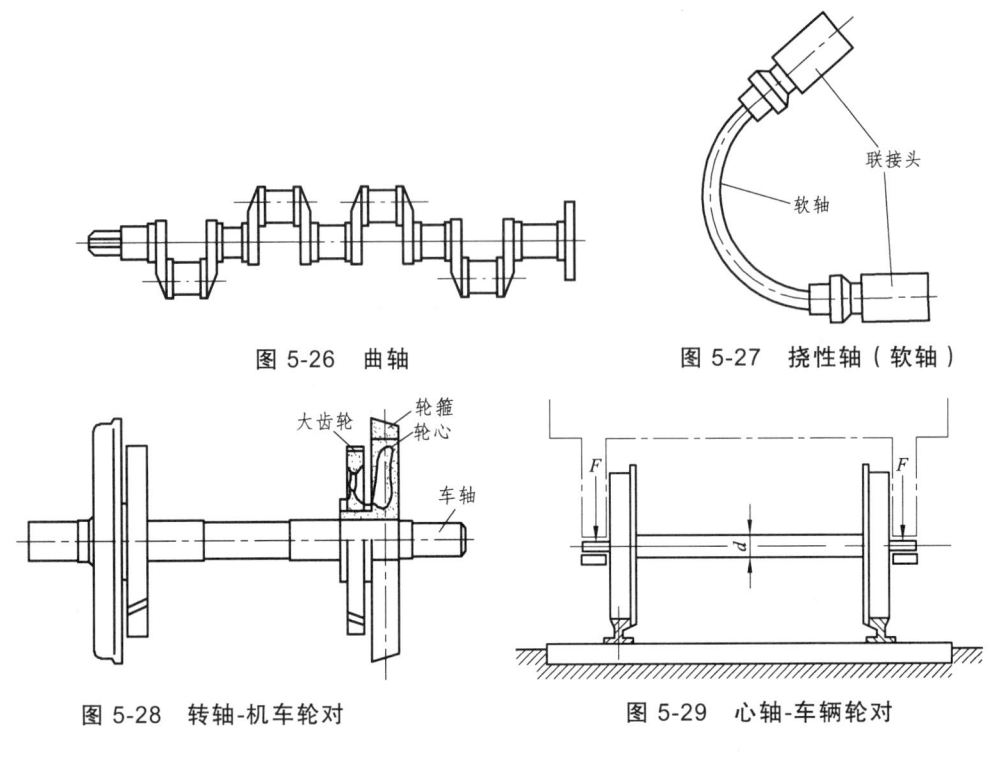

图 5-26 曲轴　　　　　图 5-27 挠性轴（软轴）

图 5-28 转轴-机车轮对　　　图 5-29 心轴-车辆轮对

方案一　采用联轴器进行轴的联接

联轴器是用来联接不同机构中的两根轴（主动轴和从动轴）使之共同旋转以传递扭矩的机械零件。在高速重载的动力传动中，有些联轴器还有缓冲、减振和提高轴系动态性能的作用。联轴器由两半部分组成，分别与主动轴和从动轴联接。

联轴器的种类很多，按照被联接两轴的相对位置和位置的变动情况，可以分为以下几类。

一、固定式联轴器

主要用于两轴要求严格对中并在工作中不发生相对位移的地方，结构一般较简单，容易制造，且两轴瞬时转速相同，主要有凸缘联轴器、套筒联轴器、夹壳联轴器等，如图 5-30 所示。

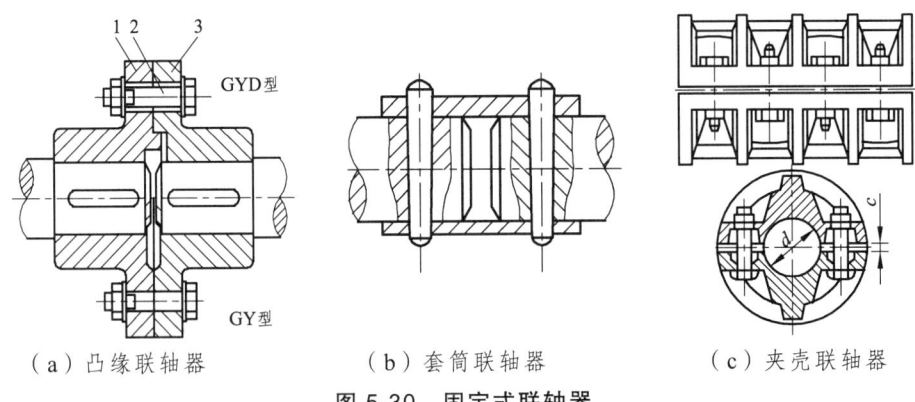

（a）凸缘联轴器　　（b）套筒联轴器　　（c）夹壳联轴器

图 5-30 固定式联轴器

二、可移式联轴器

主要用于两轴有偏斜或在工作中有相对位移的地方，根据补偿位移的方法又可分为刚性可移式联轴器和弹性可移式联轴器。

1. 刚性可移式联轴器

利用联轴器工作零件间构成的动联接具有某一方向或几个方向的活动度来补偿，如牙嵌联轴器（允许轴向位移）、十字沟槽联轴器（用来联接平行位移或角位移很小的两根轴）、万向联轴器（用于两轴有较大偏斜角或在工作中有较大角位移的地方）、齿轮联轴器（允许综合位移）、链条联轴器（允许有径向位移）等，如图5-31所示。

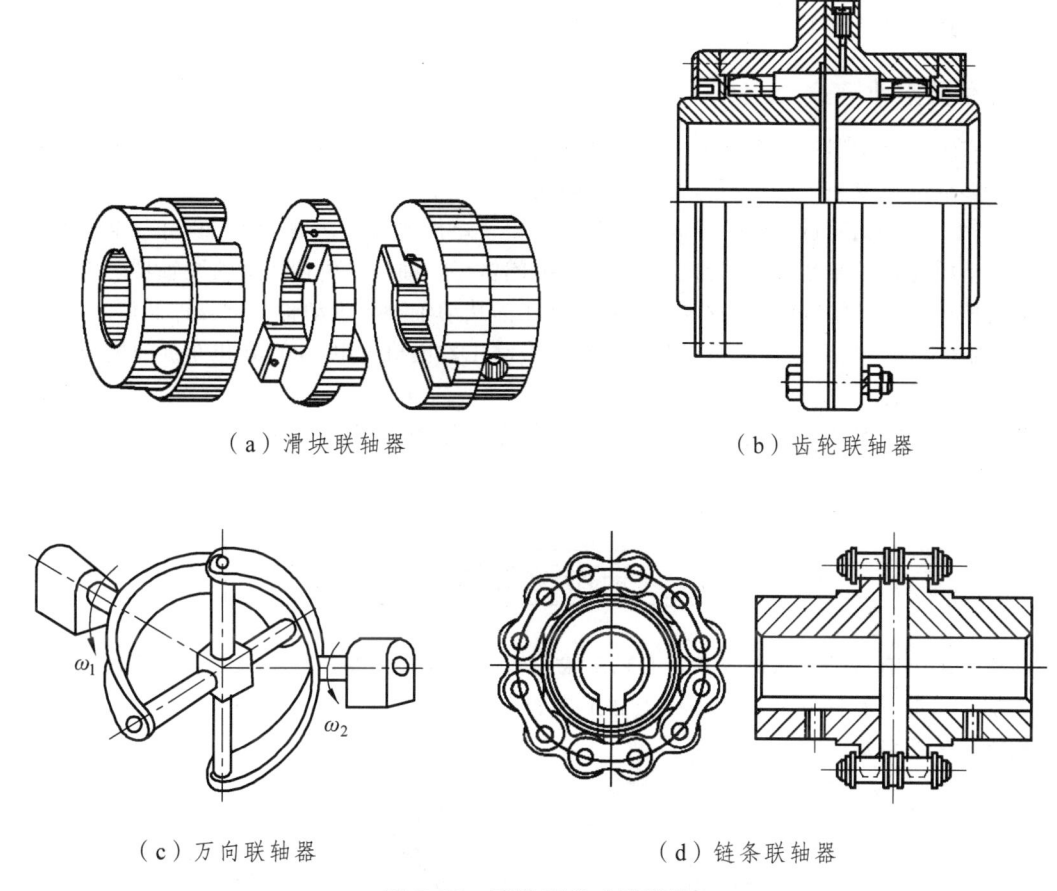

（a）滑块联轴器　　　　　　（b）齿轮联轴器

（c）万向联轴器　　　　　　（d）链条联轴器

图5-31　刚性可移式联轴器

2. 弹性可移式联轴器（简称弹性联轴器）

利用弹性元件的弹性变形来补偿两轴的偏斜和位移，同时弹性元件也具有缓冲和减振性能，如蛇形弹簧联轴器、径向多层板簧联轴器、弹性圈栓销联轴器、尼龙栓销联轴器、橡胶套筒联轴器等，如图5-32所示。

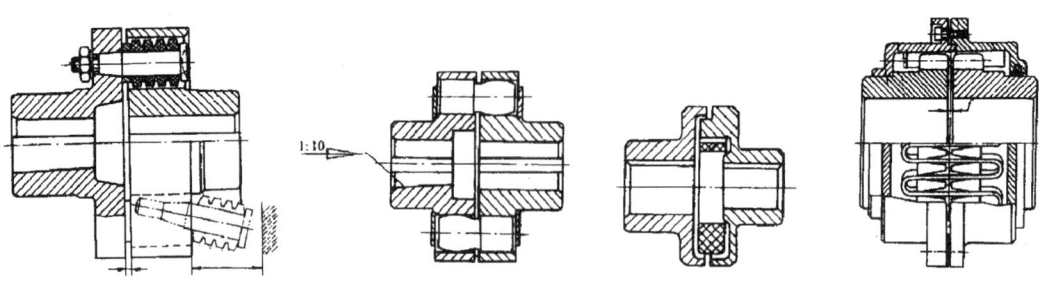

(a) 弹性套柱销联轴器　　(b) 弹性柱销联轴器　　(c) 梅花形弹性联轴器　(d) 蛇形弹簧联轴器

图 5-32　弹性联轴器

联轴器有些已经标准化。选择时先应根据工作要求选定合适的类型，然后按照轴的直径计算扭矩和转速，再从有关手册中查出适用的型号，最后对某些关键零件作必要的验算。

【方案应用要点】

在机车上，联轴器的应用主要集中在各种电机的转矩输入、输出上。机车使用的电机种类很多，大多数电机要使用联轴器与其它部件联接。

工作时，电动机通过与转子轴联接的联轴器将转矩传递给从动轴部件，例如 CRH 2 型动车组牵引电机与齿轮箱联接使用齿轮联轴器、内燃机车燃油泵电机使用滑块联轴器、空气压缩机电动机使用弹性柱销联轴器；发电机的转子轴作为从动轴接受主动轴通过联轴器传来的转矩，例如，DF4B 型内燃机车柴油机通过弹性联轴器带动主发电机发电、DF8B 机车通过刚性联轴器带动主发电机发电。

联轴器机车上还有一些应用，例如，内燃机车变速箱使用尼龙绳作为弹性联轴器带动通风机。

方案二　采用花键进行轴的联接

在机车上，有些轴的联接要求定心精度较高、载荷较大，要使用花键联接。花键联接由主动轴上加工出的外花键和从动轮毂孔上加工出的内花键组成（见图 5-33）。工作时靠键齿的侧面互相挤压传递转矩。

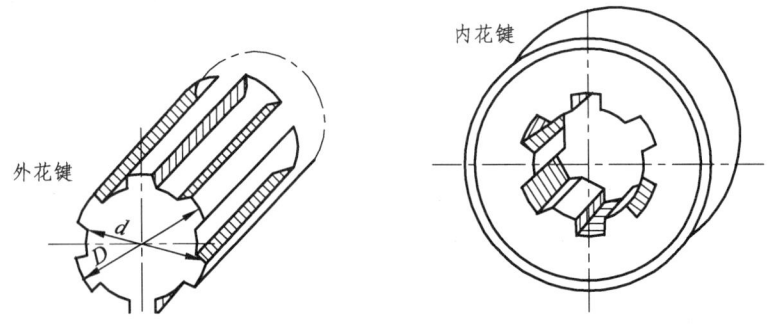

图 5-33　花键联接

【扩展阅读】

花键联接是键联接的一种。键分为平键、半圆键、楔向键、切向键和花键等，主要用作轴和轴上零件之间的轴向固定以传递扭矩，有些键还可实现轴上零件的轴向固定或轴向移动，如齿轮与轴的联结（见图 5-34）。

一、平键

图 5-35 所示为平键联接，平键的下面与轴上键槽贴紧，上面与轮毂键槽顶面留有间隙，两侧面为工作面，依靠键与键槽间的挤压力传递转矩。平键联接制造容易、装拆方便、对中性良好，用于传动精度要求较高的场合。

图 5-34　键联接

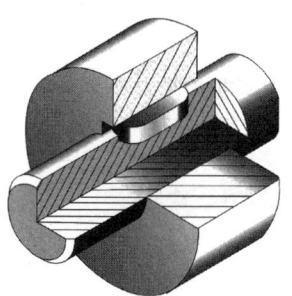

图 5-35　平键联接

平键的两侧是工作面，上表面与轮毂槽底之间留有间隙。其定心性能好，装拆方便。平键有普通平键、导向平键和滑键这三种。

二、半圆键

半圆键联接如图 5-36 所示，半圆键呈半圆形，轴槽也是相应的半圆形，轮毂槽开通。工作时也是依靠两侧面传递转矩。键在轴槽中能绕其几何中心摆动，可以适应轮毂上键槽的斜度，但键槽窄而深。

半圆键也是以两侧为工作面，有良好的定心性能。半圆键可在轴槽中摆动以适应毂槽底面，但键槽对轴的削弱较大，只适用于轻载联接。

三、楔键

楔键的上下面是工作面，键的上表面有 1∶100 的斜度，轮毂键槽的底面也有 1∶100 的斜度。把楔键打入轴和轮毂槽内时，其表面产生很大的预紧力，工作时主要靠摩擦力传递扭矩，并能承受单方向的轴向力。其缺点是会迫使轴和轮毂产生偏心，仅适用于对定心精度要求不高、载荷平稳和低速的联结。楔键又分为普通楔键和钩头楔键（见图 5-37）两种。

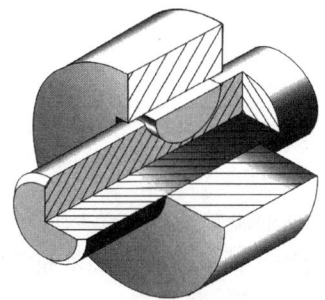

图 5-36　半圆键联接

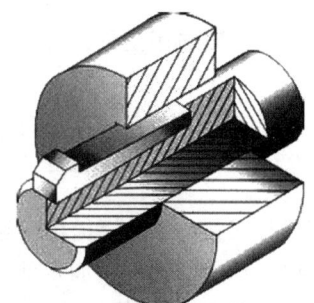

图 5-37　钩头楔键

四、切向键

切向键由一对楔键组成，能传递很大的扭矩，常用于重型机械设备中。

五、花键

工作面为齿侧面，其承载能力高，对中性和导向性好，对轴和毂的强度削弱小，适用于定心精度要求高、载荷大和经常滑移的静联接和动联接。按齿形不同，花键联接可分为：矩形花键、三角形花键和渐开线花键等。

【方案应用要点】

花键联接具有键齿数多、承载能力强，键槽较浅、应力集中小，对轴和毂的强度削弱也小，键齿分布均匀、受力均匀，轴上零件与轴的对中性好、导向性好等优点。如图 5-38 所示，在内燃机车上，变速箱输入轴为花键联接轴。

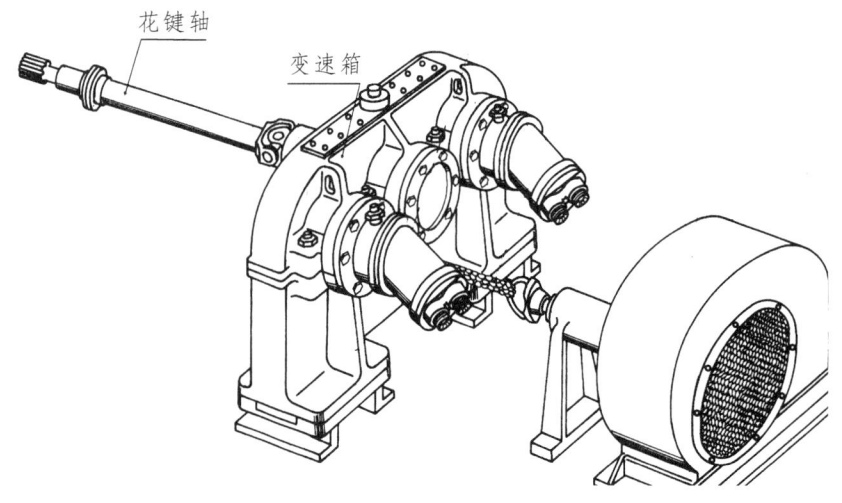

图 5-38 机车变速箱

项目三 轴与固定件如何联接

【项目描述】

轴是一种运动部件，在工作时做旋转运动。轴在工作时必须得到固定件的支承，轴要与固定件进行联接，而且要与固定件产生相对旋转运动。

方案一 使用滑动轴承联接轴与固定件

使轴与固定件联接，并且要提供足够的支承、保证轴的旋转精度、减少轴与固定件（支座）间的摩擦和磨损、承受由轴传给固定件的力，就要使用轴承。按照轴与轴承间的摩擦形式，轴承可分为滑动轴承和滚动轴承。

一、径向滑动轴承

1. 整体式滑动轴承

如图 5-39 所示,整体式径向滑动轴承由轴承座和轴瓦组成,轴承座是一个整体圆柱套,轴瓦嵌入轴承座内。这种轴承结构简单,成本较低,但轴瓦一旦磨损,径向间隙不能调整,拆装也不方便。内燃机车上隧道式机体柴油机就采用这种滑动轴承。

2. 对开式滑动轴承

如图 5-40 所示,与整体式滑动轴承不同,对开式径向滑动轴承采用分体结构,一对对开轴瓦由轴承盖和轴承座固定,并用双头螺柱紧固。这种滑动轴承对开面上有阶梯形止口,并放有垫片,磨损后可方便地调整径向间隙,拆装也比较方便。内燃机车上龙门式机体柴油机就采用此种轴承作为主轴瓦和连杆轴瓦,轴悬式机车牵引电机抱轴瓦一般也采用此种轴承。

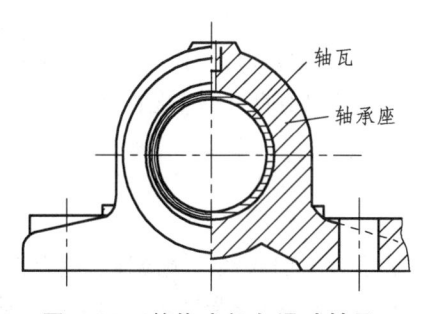

图 5-39 整体式径向滑动轴承

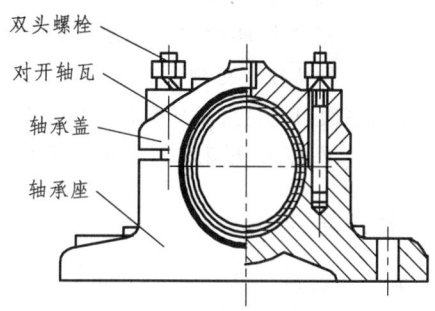

图 5-40 对开式径向滑动轴承

3. 自动调心式滑动轴承

如图 5-41 所示,轴瓦外表面做成球面状,与轴承盖和轴座的内表面相配合,适应轴颈在轴弯曲时产生的偏斜,减小磨损。

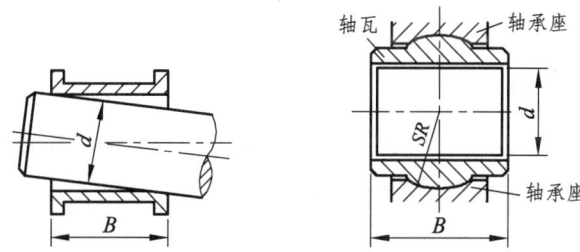

图 5-41 自动调心式滑动轴承

二、止推滑动轴承

如图 5-42 所示,当轴承要承受轴向力时,要使用止推轴承,例如,内燃机车上的柴油机曲轴和凸轮轴的端位轴承就要采用止推轴承。止推轴承由轴承座、套筒、径向轴瓦、止推轴瓦组成。

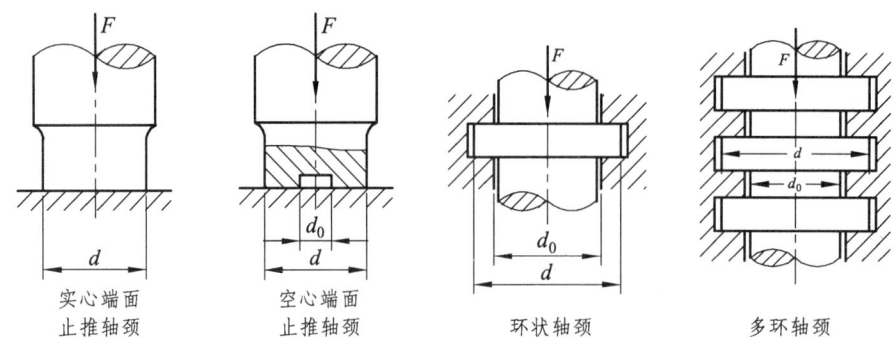

图 5-42　止推滑动轴承

三、滑动轴承的选用

轴瓦直接与轴颈接触，其材质和结构对轴承的性能、寿命、效率和承载能力影响较大。所以要根据轴承的工作环境和工作要求合理选用轴瓦。

机车是大型机械，对轴瓦的要求也较高，要求有足够的抗压强度和疲劳强度、良好的耐磨性、较小的膨胀系数以及良好的导热性、润滑性、耐腐蚀性，并且要具有良好的工艺性和经济性。

不同的工作环境选用不同材质的轴瓦。

1．轴承合金

轴承合金是锡、铅、锑、铜的合金，其减磨性、抗胶合性、嵌入性、顺应性、跑合性和塑性较好，强度较低，不能单独制作轴瓦，只能黏附在青铜、钢或铸铁等强度较高的金属上使用。如前文提到的内燃机车柴油机主轴瓦就是钢背铝瓦，即在钢制的轴瓦上黏附一层轴承合金，既保证轴瓦的强度又能取得良好的性能。

2．青铜

强度高，承载能力大，有较好的减磨性、耐磨性、导热性。其中锡青铜的减磨性和耐磨性最好，适用于重载及中速环境。

3．灰铸铁和耐磨铸铁

普通灰铸铁由于有一层起润滑作用的石墨层，具有一定的减磨性和耐磨性，可以用作轴承材料，适用于轻载低速和不受冲击载荷的环境。

4．粉末冶金

用金属粉末烧结而成，具有多孔性结构。孔隙中能够吸附大量润滑油，称为含油轴承材料。工作时，孔隙中的润滑油通过轴转动的抽吸和受热膨胀的作用，能自动进入滑动表面起润滑作用；停止运转时，油又自动吸回孔隙中被储存起来。粉末冶金的价格低廉、耐磨性好，但韧性差。使用于低速、轻载、加油困难或要求清洁的环境。

5．非金属材料

包括塑料、硬木、橡胶等，具有良好的吸振性能、自润滑性能、减磨性，耐磨性和抗腐蚀性好，但承载能力低，热变形大，导热性和尺寸稳定性差。

【扩展阅读】

一、滑动轴承的摩擦状态

轴与轴承联接的部分称为轴颈。工作时，轴颈会与滑动轴承产生滑动摩擦，这种摩擦由于润滑条件的不同，会出现不同的摩擦状态。

1. 干摩擦

两工作表面间无任何润滑剂，直接接触的摩擦称为干摩擦，如图5-43（a）所示。此时，必有大量的摩擦功耗和严重的磨损。在滑动轴承中则表现为强烈的温升，甚至把轴瓦烧毁，所以在滑动轴承中不允许出现干摩擦。

2. 边界摩擦

两摩擦表面间有润滑剂存在，由于润滑油与金属表面的良好吸附作用，因而在金属表面上形成极薄的边界油膜，如图5-43（b）所示。边界油膜的厚度小于1 μm，不足以将两金属表面分隔开，所以相互运动时，两金属表面微观的高峰部分仍将互相搓削，这种状态称为边界摩擦。

一般而言，金属表层覆盖一层边界油膜后，虽不能绝对消除表面的磨损，却可以起着减轻磨损的作用。

3. 液体摩擦

若两摩擦表面间有充足的润滑油，而且能满足一定的条件，则在两摩擦表面间可形成厚度达几十微米的压力油膜。它能将相对运动着的两金属表面分隔开，如图5-43（c）所示。此时只有液体之间的摩擦，称为液体摩擦，又称为液体润滑。换言之，形成的压力油膜可以将重物托起，使其浮在油膜之上，由于两摩擦表面被油隔开而不直接接触，摩擦系数很小，所以显著地减少了摩擦和磨损。

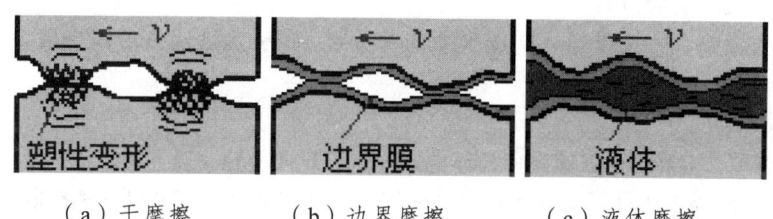

（a）干摩擦　　（b）边界摩擦　　（c）液体摩擦

图5-43　摩擦状态

二、滑动轴承的分类

1. 按承受载荷方向分

（1）径向滑动轴承：主要承受径向载荷，载荷方向沿半径方向与轴的轴线垂直。

（2）止推滑动轴承：主要承受轴向载荷，载荷方向与轴的轴线平行。

2. 按滑动轴承摩擦状态分

（1）完全液体润滑滑动轴承：摩擦小，效率高，但形成液体摩擦需要一定条件，制造、安装精度要求高，如图5-44（a）所示。

（2）不完全液体润滑滑动轴承：摩擦大，磨损快，效率低，但结构简单，制造精度要求低，安装、维护方便，如图5-44（b）所示。

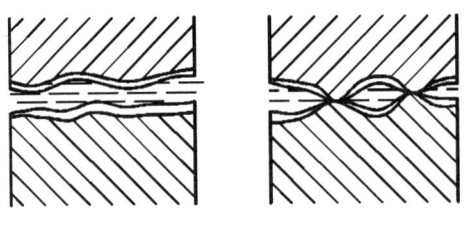

（a）完全液体润滑　（b）不完全液体润滑

图 5-44　滑动轴承的摩擦状态

【方案应用要点】

一、选用合适的润滑剂

为了使轴承在工作时，减小摩擦、减少磨损、提高效率，要选用合适的润滑剂。润滑剂具有冷却散热、缓冲吸振、密封和防锈作用，可以提高零部件的使用寿命，机车在没有润滑剂的情况下是不能工作的。

润滑剂分为润滑油、润滑脂和固体润滑剂三类。

润滑油是滑动轴承中应用最广的润滑剂，多为矿物油。润滑油最重要的物理性能是黏度，这也是选用润滑油的主要依据。润滑油的选择原则是：轻载、高速、低温应选用黏度较小的润滑油，如机车联合调节器油、继电器油；重载、低速、高温时选用黏度较大的润滑油，如空气压缩机油、柴油机油、变速箱油。

润滑脂是在润滑油中添加稠化剂（包括钙、钠、铝、锂等金属）后形成的胶状润滑剂。其特点是承载能力较大、不宜在温度变化大和高速条件下使用。滑动轴承较少使用润滑脂。

固体润滑剂常用的有石墨和二硫化钼。在滑动轴承中主要以粉剂加入润滑油或润滑脂中，用于提高其润滑性能，减少摩擦和磨损，提高轴承使用寿命。

二、采用合适的润滑方式

滑动轴承的润滑有连续供油和间歇供油两种方式，间歇式供油只能用于低速、轻载的轴承，对于重要的轴承采用连续式供油。

1. 手工润滑

给油方法简单，主要用于低速、轻载环境，适合于开式齿轮、链条、钢丝绳及不经常使用的粗糙机械，如图 5-45（a）所示。通过油枪和油杯加油，结构最简单。可以分别控制各个润滑点的油量。对于相距很远的各个润滑点，它可以省去集中润滑系统所需要的很长的管路，从而可减轻重量。其缺点是如加油不及时，就容易造成磨损。机车车钩、手制动机钢丝绳润滑就采用这种方式。

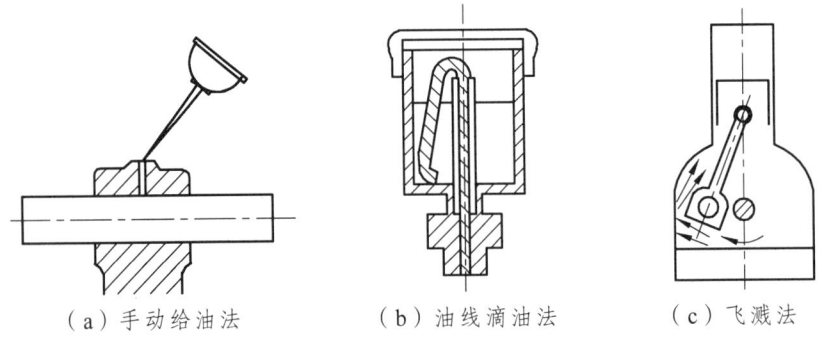

（a）手动给油法　　（b）油线滴油法　　（c）飞溅法

图 5-45　润滑方式

2. 滴油润滑

依靠油的自重，通过装在润滑点上的油杯中的针阀（见图5-46）或油绳滴油进行润滑，如图5-45（b）所示。此法结构简单，使用方便，一般只需每8小时往油杯中加一次油，而且可以装在油壶够不着的地方。但给油量不容易控制，振动、温度的变化及油面的高低都会影响给油量。不宜使用高黏度的油，否则针阀易被堵塞。主要用于滑动及滚动轴承、齿轮、链条及滑动导轨上。

3. 飞溅润滑

靠浸泡在油池中的零件本身或附装在轴上的甩油环将油搅动，使之飞溅在摩擦表面上。这是闭式箱体中的滚动轴承、齿轮传动、蜗杆传动、链传动、凸轮等采用的、被广泛应用的一种循环润滑方式，如图5-45（c）所示。为考虑搅拌功率损失和润滑的有效性，零件的浸泡深度有一定限制。浸在油池中的机件的圆周速度 v 一般控制在小于 12 m/s，速度过高，则搅拌功率损失过大，油的氧化严重；但速度也不易过低，否则影响润滑效果。机车柴油机曲轴箱内的部件及空气压缩机均采用飞溅润滑。

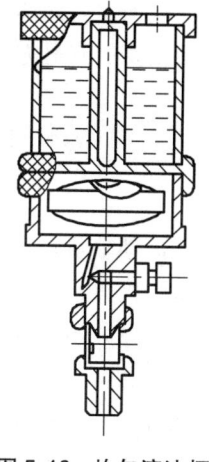

图5-46　均匀滴油杯

4. 油环与油链润滑

依靠套在轴上的油环或油链将油从油池中带到润滑部位。如图5-47所示，套在轴径1上的油环2的下部在油池中，当轴旋转时，靠摩擦力带动油环转动，从而把油带入轴承中进行润滑。

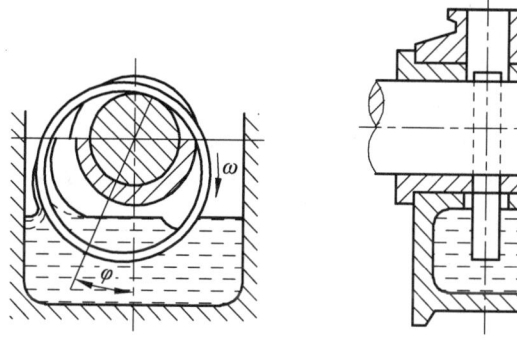

图5-47　油环润滑

5. 油绳与油垫润滑

一般是与摩擦表面接触的毛毡垫或油绳从油中吸油，然后将油涂在工作表面上。有时没有油池，仅在开始时吸满油，以后定期用油壶补充一点油。主要应用于小型或轻载滑动轴承。这种方式的主要优点是简单、便宜，毡垫与油绳能起过滤的作用，因此比较适合多尘的场合。但由于油量少，不适用于大型或高速轴承，且供油量不易调整。

6. 油雾润滑

油雾润滑是利用压缩风的能量，将液态的润滑油雾化成 1～3 μm 的小颗粒，悬浮在压缩风中形成一种混合体（油雾），在自身的压力能下，经过输送管线，输送到润滑部位的润滑方式。油雾润滑主要用于高速滚动轴承和高温工作条件下的链条等。此方法不仅达到润滑目的，还起到冷却和排污的作用，耗油量小。

7. 压力循环润滑

利用油泵以一定的压力将润滑油由油箱抽出，通过管道送到润滑部位进行润滑，之后润滑油回到油箱，如此进行循环润滑。供油量可以调节，能保证连续供油，工作安全可靠，是机车中最主要的润滑方式。

方案二　使用滚动轴承联接轴与固定件

滚动轴承是将运转的轴与轴承座之间的滑动摩擦变为滚动摩擦，从而减少摩擦损失的一种精密的机械元件。如图 5-48 所示，滚动轴承一般由内圈、外圈、滚动体和保持架四部分组成，内圈的作用是与轴相配合并与轴一起旋转；外圈作用是与轴承座相配合，起支撑作用；滚动体是借助于保持架均匀地将滚动体分布在内圈和外圈之间，其形状大小和数量直接影响着滚动轴承的使用性能和寿命；保持架能使滚动体均匀分布，防止滚动体脱落，引导滚动体旋转起润滑作用。

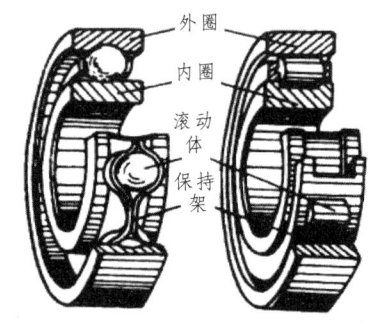

图 5-48　滚动轴承

【扩展阅读】

一、滚动轴承的类型

1. 按滚动体种类分类

（1）球轴承：轴承的滚动体为钢球。

（2）滚子轴承：轴承的滚动体为滚子。

一般来说，相同外形尺寸的球轴承比滚子轴承的允许转速高，滚子轴承的承载能力比球轴承大。滚子轴承按其滚子的种类，又分为：

① 圆柱滚子轴承：滚动体是圆柱滚子的轴承；

② 圆锥滚子轴承：滚动体是圆锥滚子的轴承；

③ 滚针轴承：滚动体是滚针的轴承；

④ 调心滚子轴承：滚动体是球面滚子的轴承。

2. 按所能承受载荷方向的不同分类

（1）向心轴承：主要用来承受径向载荷的滚动轴承。

（2）推力轴承：主要用来承受轴向载荷的滚动轴承。

3. 按其能否调心分类

（1）调心轴承：滚道是球面形的，能适应两滚道轴心线间的角偏差及角运动的轴承。

（2）非调心轴承（钢性轴承）：能阻抗滚道间轴心线角偏移的轴承。

4. 按滚动体的列数分类

（1）单列轴承：具有一列滚动体的轴承。

（2）双列轴承：具有两列滚动体的轴承。

（3）四列轴承：具有四列滚动体的轴承。

5. 按其部件能否分离分类

（1）可分离轴承：具有可分离部件的轴承。

（2）不可分离轴承：轴承在最终配套后，套圈均不能任意自由分离的轴承。

二、滚动轴承的型号代号

1. 基本代号

基本代号用来表明轴承的内径、直径系列、宽度系列和类型，一般最多为五位数，分述如下：

（1）轴承内径用基本代号右起第一、二位数字表示。对于常用内径 $d=20\sim480$ mm 的轴承，内径一般为5的倍数，这两位数字表示轴承内径尺寸被5除得的商数，如04表示 $d=20$ mm；12表示 $d=60$ mm，等等。对于内径为10 mm、12 mm、15 mm 和17 mm 的轴承，内径代号依次为00、01、02和03。对于内径小于10 mm 和大于500 mm 轴承，内径表示方法另有规定，可参看 GB/T272—93。

（2）轴承的直径系列（即结构相同、内径相同的轴承在外径和宽度方面的变化系列）用基本代号右起第三位数字表示。例如，对于向心轴承和向心推力轴承，0、1表示特轻系列；2表示轻系列；3表示中系列；4表示重系列。推力轴承除了用1表示特轻系列之外，其余与向心轴承的表示一致。

（3）轴承的宽度系列（即结构、内径和直径系列都相同的轴承宽度方面的变化系列）用基本代号右起第四位数字表示。当宽度系列为0系列时，对多数轴承在代号中可不标出宽度系列代号0，但对于调心滚子轴承和圆锥滚子轴承，宽度系列代号0应标出。

直径系列代号和宽度系列代号统称为尺寸系列代号。

（4）轴承类型代号用基本代号右起第五位数字表示（对圆柱滚子轴承和滚针轴承等类型，代号为字母）。

2. 后置代号

轴承的后置代号是用字母和数字等表示的，其代表轴承的结构、公差及材料的特殊要求等等。后置代号的内容很多，下面介绍几个常用的代号：

（1）内部结构代号是表示同一类型轴承的不同内部结构，用字母紧跟着基本代号表示。例如：接触角为15°、25°和40°的角接触球轴承分别用 C、AC 和 B 表示内部结构的不同。

（2）轴承的公差等级分为2级、4级、5级、6级、6X级和0级，共6个级别，依次由高级到低级，其代号分别为/PZ、/P4、/P5、/P6、/P6X 和 /PO。公差等级中，6X级仅适用于圆锥滚子轴承；0级为普通级，在轮代号中不标出。

（3）常用的轴承径向游隙系列分为1组、2组、0组、3组、4组和5组，共6个组别，径向游隙依次由小到大。0组游隙是常用的游隙组别，在轴承代号中不标出，其余的游隙组别在轴承代号中分别用/CI、/CZ、/C3、/C4、/C5 表示。

3. 前置代号

轴承的前置代号用于表示轴承的分部件，用字母表示。如用 L 表示可分离轴承的可分离套圈；K 表示轴承的滚动体与保持架组件，等等。

实际应用的滚动轴承类型是很多的，相应的轴承代号也是比较复杂的。以上介绍的代号是轴承代号中最基本、最常用的部分，熟悉了这部分代号，就可以识别和查选常用的轴承。关于滚动轴承详细的代号方法可查阅 GBT272—93。

【方案应用要点】

滚动轴承支承转动的轴及轴上零件,并保持轴的正常工作位置和旋转精度,使用维护方便,工作可靠,起动性能好,在中等速度下承载能力较高。与滑动轴承比较,滚动轴承的径向尺寸较大,减振能力较差,高速时寿命低,声响较大。在机车上,滚动轴承应用很广,小到步进电机轴承,大到牵引电机轴承、轮对轴头轴承都采用滚动轴承。滚动轴承一般都采用润滑脂进行润滑。

一、滚动轴承的优点

(1) 摩擦阻力小,功率消耗小,机械效率高,易起动。
(2) 尺寸标准化,具有互换性,便于安装拆卸,维修方便。
(3) 结构紧凑,重量轻,轴向尺寸较小。
(4) 精度高,转速高,磨损小,使用寿命长。
(5) 部分轴承具有自动调心的性能。
(6) 适用于大批量生产,质量稳定可靠,生产效率高。
(7) 传动摩擦力矩比流体动压轴承低得多,因此摩擦温升与功耗较低。
(8) 起动摩擦力矩仅略高于转动摩擦力矩。
(9) 轴承变形对载荷变化的敏感性小于流体动压轴承。
(10) 只需要少量的润滑剂便能正常运行,运行时能够长时间提供润滑剂。
(11) 轴向尺寸小于传统流体动压轴承。
(12) 可以同时承受径向和推力组合载荷。
(13) 在很大的载荷-速度范围内,独特的设计可以获得优良的性能。
(14) 轴承性能对载荷、速度和运行速度的波动相对不敏感。

二、滚动轴承的缺点

(1) 噪声大。
(2) 轴承座的结构比较复杂。
(3) 成本较高。
(4) 即使轴承润滑良好,安装正确,防尘防潮严密,运转正常,它们最终也会因为滚动接触表面的疲劳而失效。

【案例导读】

案例一 2004年3月5日,配属于哈尔滨铁路局的DF4B型1884机车,在滨州西部线运行。机车运行至兴安岭站,突然柴油机停机,原因是差示压力计动作,安全防爆阀打开,最终形成了机破事故。机车回段检查发现,第6缸气缸套、活塞连杆组出现不同程度破损。经过分析,事故原因是第6缸连杆大头紧固螺栓松脱,导致活塞连杆组与气缸套发生错位,并相互碰撞,高温燃气进入曲轴箱,安全保护装置动作,进行了保护停机。该机车刚刚经历过中修,由于对连杆螺栓的紧固没有对准预紧力标记,导致螺栓松脱而引发了事故。

案例二 2005年8月,配属于哈尔滨铁路局的DF4B型1781机车,在运行至加格达奇—大杨树间,机车突然卸载不能运行。事故原因是测试发电机不能发电,故障励磁也出现故障,最终形成了机破。事故分析发现,测试发电机不能发电的原因是皮带轮脱落,导致发电机失去动力。皮带轮脱落的原因是其键联接中的平键和键槽均被挤压变形,失去了联接作用。

案例三 某船厂有一位年轻的女电焊工正在船舱内焊接，因舱内温度高加之通风不良，身上大量出汗将工作服和皮手套湿透。在更换焊条时触及焊钳口因痉挛后仰跌倒，焊钳落在颈部未能摆脱，造成电击。事故发生后经抢救无效而死亡。

以上三个案例都是人为造成的。进行部件联接作业时，要严格执行工艺要求，遵守作业安全规章，否则将酿成不可挽回的经济损失和人身伤害。

【扩展阅读】 焊接安全规则

（1）工作前应认真检查工具、设备是否完好，焊机的外壳是否可靠接地。焊机的修理应由电气保养人员进行，其他人员不得拆修。

（2）工作前应认真检查工作环境，确认为正常方可开始工作，施工前穿戴好劳动保护用品，戴好安全帽。高空作业要戴好安全带。敲焊渣、磨砂轮应戴好平光眼镜。

（3）接拆电焊机电源线或电焊机发生故障时，应会同电工一起进行修理，严防触电事故。

（4）接地线要牢靠安全，不准用脚手架、钢丝缆绳、机床等作接地线。

（5）在靠近易燃地方焊接，要有严格的防火措施，必要时须经安全员同意方可工作。焊接完毕应认真检查确无火源，才能离开工作场地。

（6）焊接密封容器、管子应先开好放气孔。修补已装过油的容器，应清洗干净，打开入孔盖或放气孔才能进行焊接。

（7）在已使用过的罐体上进行焊接作业时，必须查明是否有易燃、易爆气体或物料，严禁在未查明之前动火焊接。焊钳、电焊线应经常检查、保养，发现有损坏应及时修好或更换，焊接过程发现短路现象应先关好焊机，再寻找短路原因，防止焊机烧坏。

（8）焊接吊码、加强脚手架和重要结构应有足够的强度，并敲去焊渣，认真检查是否安全、可靠。

（9）在容器内焊接，应注意通风，应把有害烟尘排出，以防中毒。在狭小容器内焊接应有2人，以防触电等事故。

（10）容器内油漆未干，有可燃体散发时不准施焊。

（11）工作完毕，必须断掉龙头线接头，检查现场，灭绝火种，切断电源。

【课后任务】

1. 根据所学知识，上机车（或其它机械装置）查找、观察螺纹联接、键连接、销连接、铆接等联接方式所应用的部件，并根据部件用途，说明为什么采取相应的联接方式。

2. 根据所学知识，上机车（或其它机械装置）查找、观察各种螺纹联接的放松措施，并列出表格，一一对应联接部件与放松方式。

模块六　常用量具的使用

项目一　如何进行零件尺寸的粗略检验测量？

【项目描述】

在进行机车检查或粗加工零部件时，需要经常对零部件的外形尺寸进行测量，这种测量对测量精度要求不高，允许存在一定的误差，只需简单粗略地测量，要求测量工具简单实用，使用方便。

方案一　使用钢直尺进行测量

钢直尺是最简单的长度量具，它的长度有 150 mm、300 mm、500 mm 和 1 000 mm 四种规格。图 6-1 所示是常用的 150 mm 钢直尺。

图 6-1　钢直尺

钢直尺用于测量零件的长度尺寸（见图 6-2），它的测量结果不太准确。这是由于钢直尺的刻线间距为 1 mm，而刻线本身的宽度就有 0.1～0.2 mm，所以测量时读数误差比较大，只能读出毫米数，即它的最小读数值为 1 mm，比 1 mm 小的数值只能估计而得。

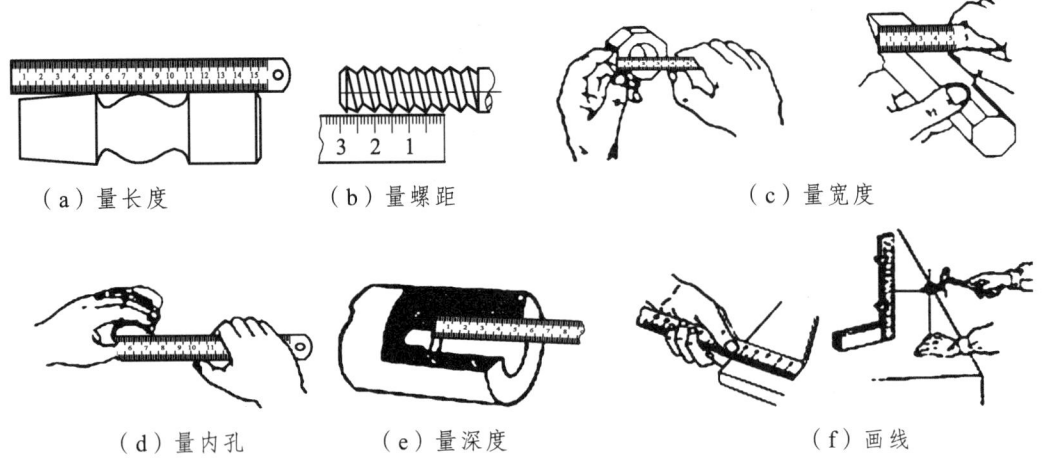

（a）量长度　　（b）量螺距　　（c）量宽度

（d）量内孔　　（e）量深度　　（f）画线

图 6-2　钢直尺的使用方法

如果用钢直尺直接去测量零件的直径尺寸（轴径或孔径），则测量精度更差。其原因是：除了钢直尺本身的读数误差比较大以外，还由于钢直尺无法正好放在零件直径的正确位置。所以，零件直径尺寸的测量可以利用钢直尺和内外卡钳配合起来进行。

在进行长度值较大的测量时，可使用卷尺，可以将卷尺看做卷起来的、量程较大的钢直尺。

【方案应用要点】

使用钢直尺测量的系统误差较大，我们在测量时要正确使用钢直尺，尽量减少使用误差。

（1）使用钢直尺前应观察钢直尺零刻线的位置、量程和分度值。

（2）使用钢直尺测量的注意事项：

① 如图 6-3 所示，把钢直尺的刻度紧贴在被测物体应测部位，选择零刻线为起点刻度线与被测物体左端对齐（若零刻线已磨损，应任选某一清晰刻度为起点，在读数时减去该刻度数值即可）。

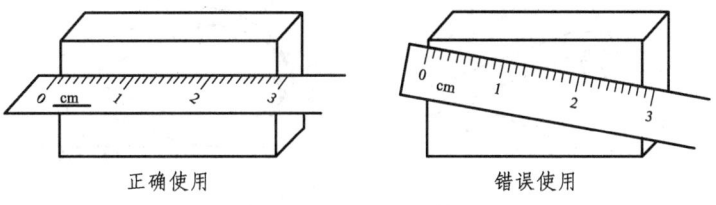

图 6-3 正确使用钢直尺

② 如图 6-4 所示，观察测量结果时，视线要对准被测物体末端与钢直尺相接触处，且与钢直尺面垂直。

③ 读数时不仅要读出准确值，而且要估读到最小刻度的下一位。

④ 记录测量结果时应记录数据和单位，只有数字无单位的记录是无意义的。

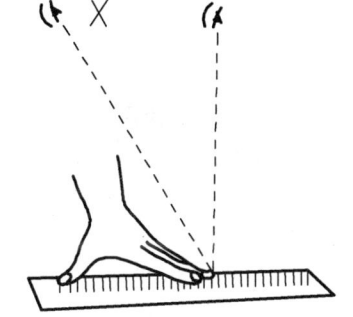

图 6-4 正确读取钢直尺测量值

【扩展阅读】 卡钳

在一些特殊情况下，钢直尺无法直接进行测量，需要使用卡钳进行辅助测量。

卡钳是具有两个可以开合的钢质卡脚的测量工具。卡钳有外卡钳和内卡钳两种（见图 6-5）。外卡钳是用来测量外尺寸（外径或厚度），内卡钳是用来测量内尺寸（内径或槽宽）。卡钳是一种间接测量工具，它们本身都不能直接读出测量结果，而是把测量得的长度尺寸（直径也属于长度尺寸）放在钢直尺上进行读数，或在钢直尺上先取下所需尺寸，再去检验零件的直径是否符合。

一、卡钳开度的调节

卡钳在使用之前，要对其开度进行调节。调节时，首先检查钳口的形状，钳口形状对测量精确性影响很大，应注意经常修整钳口的形状，图 6-6 所示为卡钳钳口形状好与坏的对比。调节卡钳的开度时，应轻轻敲击卡钳脚的两侧面。先用两手把卡钳调整到和工件尺寸相近的开口，然后轻敲卡钳的外侧来减小卡钳的开口，敲击卡钳内侧来增大卡钳的开口。但不能直接敲击钳口，这会因卡钳的钳口损伤量面而引起测量误差。如图 6-7 所示。

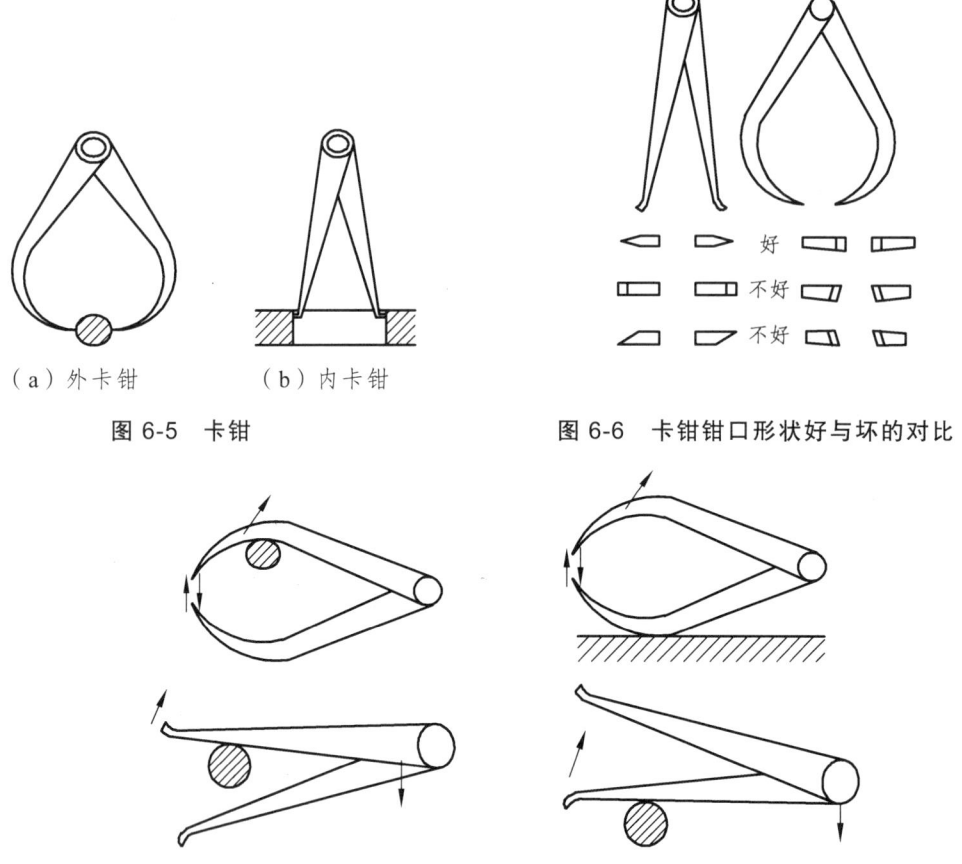

图 6-5　卡钳　　　　　　　　　图 6-6　卡钳钳口形状好与坏的对比

（a）外卡钳　　（b）内卡钳

图 6-7　卡钳开度的调整方法

二、外卡钳的使用

外卡钳在钢直尺上取下尺寸时，如图 6-8（a）所示，先将卡钳一个卡脚的测量面靠在金属直尺的端面上，另一个钳脚的测量面调整到所需尺寸上（两个卡脚测量面的连线应与直尺平行，人的视线要垂直于直尺）。

用取好尺寸的外卡钳去检验工件的外径时，要使卡钳两个卡脚的测量面的连线与工件的轴线垂直相交，如图 6-8（b）所示，测量时，从工件正上方以卡钳的自重能刚好滑下为合适。

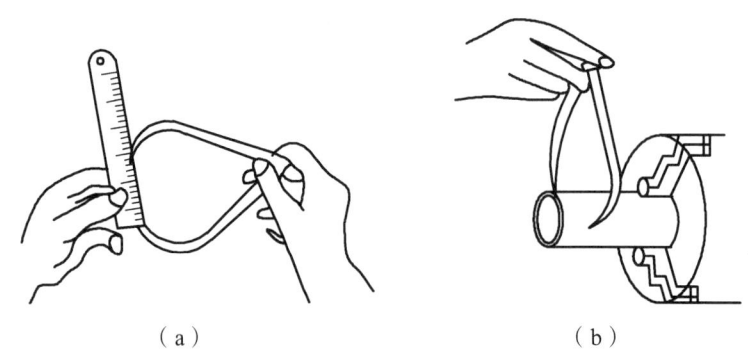

（a）　　　　　　　　　　　　（b）

图 6-8　外卡钳量取尺寸的方法

三、内卡钳的使用

用内卡钳测量内径的方法如图 6-9 所示，应使两个钳脚的测量面的连线垂直相交于内孔的轴线，将一个卡脚固定在孔口边用手固定，另一钳脚由孔口沿孔壁圆周方向做摆动，当沿孔壁圆周方向能摆动时，再沿孔的轴向测量，直至该方向上卡钳的开度为最小。

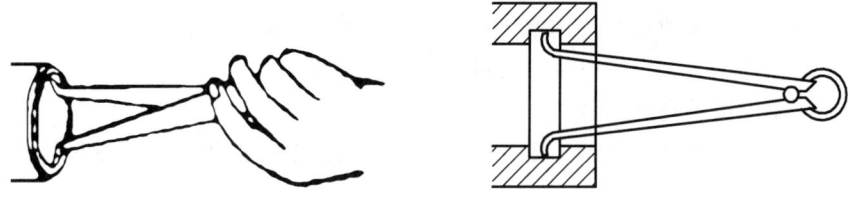

图 6-9 用内卡钳测量内径

四、卡钳的适用范围

卡钳是一种简单的量具，由于它具有结构简单、制造方便、价格低廉、维护和使用方便等特点，广泛应用于要求不高的零件尺寸的测量和检验，尤其是对锻铸件毛坯尺寸的测量和检验，卡钳是最合适的测量工具。

方案二 使用塞尺测量

在测量部件与部件的间隙时，使用钢直尺很难完成测量，此时需要使用塞尺。塞尺俗称厚薄尺或间隙片，是测量间隙的薄片量尺。它由一组厚度不等的薄钢片组成，按照塞尺的组别制成一把一把的塞尺，每片上都刻有自身的厚度值，以供组合使用。使用时，根据被测间隙的大小，选择厚度接近的钢片（可用几片组合）插入被测间隙，如图 6-10 所示。

在机车检修中塞尺常用来检测固定件与转动件之间的间隙（如气封间隙、油挡间隙），检查配合面之间的接触程度（如轴箱拉杆间隙）。

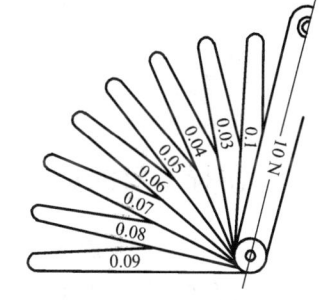

图 6-10 塞尺

塞尺一般用不锈钢制造，最薄的为 0.01 mm；最厚的为 3 mm。自 0.02～0.1 mm 间，各钢片厚度级差为 0.01 mm；自 0.1～1 mm 间，各钢片厚度级差为 0.05 mm；自 1 mm 以上，钢片厚度级差为 1 mm。

例如，用 0.03 mm 的一片能插入间隙，而 0.04 mm 的一片不能插入间隙，这说明间隙在 0.03～0.04 mm 之间，所以塞尺也是一种界限量规。

【方案应用要点】

一、塞尺的使用方法

（1）使用前，应将塞尺擦拭干净，不能在塞尺沾有油污和金属屑的情况下进行测量，否则将影响测量结果的准确性。

（2）根据被测间隙的大小，选择适当厚度的塞尺；为保证测量的准确性，塞尺数量一般不超过3片；如果超过3片，通常就要加测量修正值。一般每增加一片加0.01 mm的修正值。在组合使用时，应将薄的塞尺片夹在厚的中间，以保护薄片。

（3）塞尺应塞入一定深度，来回拉动塞尺，感到稍有阻力又不至卡死为宜。

二、使用塞尺注意事项

（1）根据结合面的间隙情况选用塞尺片数，但片数愈少愈好。

（2）测量时不能用力太大，以免塞尺遭受弯曲和折断。

（3）不能测量温度较高的工件。

（4）使用完毕，应将塞尺擦拭干净，并涂上一薄层工业凡士林，然后将塞尺折回夹框内，以防因锈蚀、弯曲、变形而损坏。

项目二　如何进行零部件外形尺寸的精确测量

【项目描述】

直尺、卷尺、卡钳和塞尺等这几种测量工具结构简单，测量尺寸误差大，只能对零件进行粗略的测量，如果要对零件进行比较精确的测量，这些工具就不再适合了，那么，如何进行零部件外形尺寸的精确测量呢？

方案一　使用游标卡尺测量

游标卡尺是机械加工中广泛使用的一种量具，具有结构简单、使用方便、测量精度较高和测量的尺寸范围大等特点，它可以直接量出工件的外径、内径、长度、宽度、厚度、深度和孔距等。

一、游标卡尺的结构

游标卡尺由主尺和副尺（又称游标）组成，主尺与固定卡脚制成一体；副尺与活动卡脚制成一体，并能在主尺上滑动。应用范围很广。根据使用需要，可选择不同量程（主尺总刻度）的游标卡尺，如0~200 mm、0~300 mm、0~500 mm、0~1 000 mm等。

游标卡尺根据其结构的不同一般可分为三用游标卡尺、双面量爪和单面量爪游标卡尺三种形式。

1. 三用游标卡尺

这是测量范围为0~150 mm的游标卡尺，制成带有刀口形的上下量爪和带有深度尺的形式，如图6-11所示。

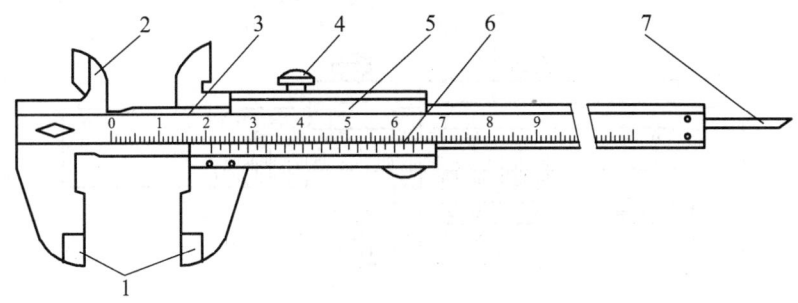

图 6-11 三用游标卡尺

1—尺身；2、6—量爪；3—游标；4—紧固螺钉；5—深度尺

此种游标卡尺结构简单，主要由尺身、游标和深度尺三部分组成。在主尺上的刻线间距为 1 mm，主尺的长度决定于游标卡尺的测量范围。上量爪用来测量内径、槽宽等内尺寸，下量爪用来测量各种外尺寸。而测量深度的深度尺固定在尺框的背面，能随着尺框在尺身的导向凹槽中移动。测量深度时，应把尺身尾部的端面靠紧在零件的测量基准平面上。

2. 双面量爪游标卡尺

双面量爪游标卡尺的测量范围为 0~200 mm 和 0~300 mm，制成带有内、外测量面的下量爪和带有刀口形的上量爪的形式，如图 6-12 所示。其中，微动装置的作用是使游标卡尺在测量时用力均匀，便于调整测量压力，减少测量误差。在测量工件内径尺寸时，应将游标卡尺的读数加上下量爪本身的厚度尺寸 b，才能得到零件的实际尺寸。

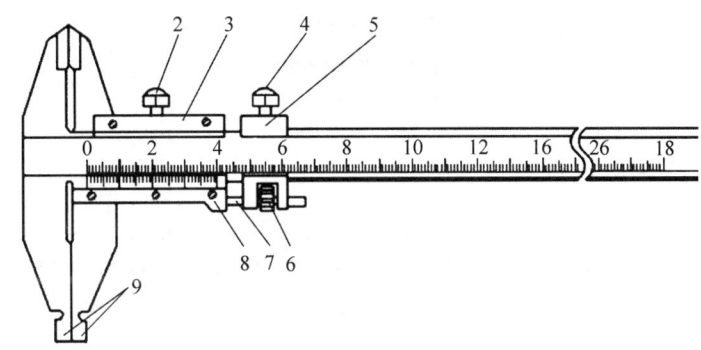

图 6-12 双面量爪游标卡尺

1—尺身；2、7—量爪；3—紧固螺钉；4—微动游框；5—微动螺母；6—游标

测量范围为 0~200 mm 和 0~300 mm 的游标卡尺也可制成只带有内、外测量面的下量爪的形式，如图 6-13 所示。

3. 单面量爪游标卡尺

单面量爪游标卡尺是测量范围大于 300 mm 的游标卡尺，如图 6-13 所示，它仅带有下量爪，可用于测量内、外尺寸。在测量工件内径尺寸时，应将游标卡尺的读数加上、下量爪本身的厚度尺寸 b，才能得到零件的实际尺寸。

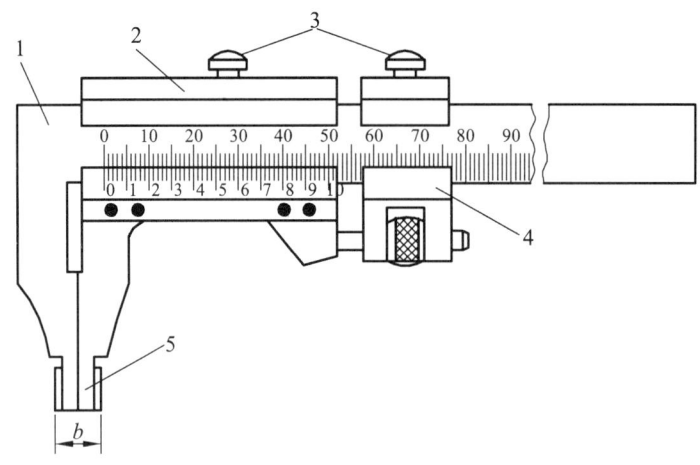

图 6-13 单面量爪游标卡尺

1—尺身；2—游标；3—紧固螺钉；4—微动装置；5—量爪

二、游标卡尺的读数原理和读数方法

游标卡尺的读数机构由尺身刻线和游标刻线两部分组成。游标卡尺按其读数值的不同，有 0.02、0.05、0.1 mm 三种测量精度。上述三种游标卡尺的尺身刻度是相同的，即每格 1 mm，每大格 10 mm。只是游标与尺身相对应的刻线宽度不同（游标的总刻度与主尺上的总刻度相差 1 mm）。游标刻线根据其测量精度不同分为以下几种形式：

（1）分度值为 0.1 mm，游标分度间隔为 0.9 mm。

（2）分度值为 0.05 mm，游标分度间隔为 0.95 mm。

（3）分度值为 0.02 mm，游标分度间隔为 0.98 mm。

1. 游标卡尺的读数原理

以游标读数值为 0.02 mm 的游标卡尺的读数原理为例（见图 6-14）：主尺每小格 1 mm，当两爪合并时，游标上的 50 格刚好等于主尺上的 49 mm，则游标每格间距 = 49 mm÷50 = 0.98 mm，主尺每格间距与游标每格间距相差 = 1 - 0.98 = 0.02（mm），0.02 mm 即为此种游标卡尺的最小读数值，再也不能读出比 0.02 mm 小的数值。

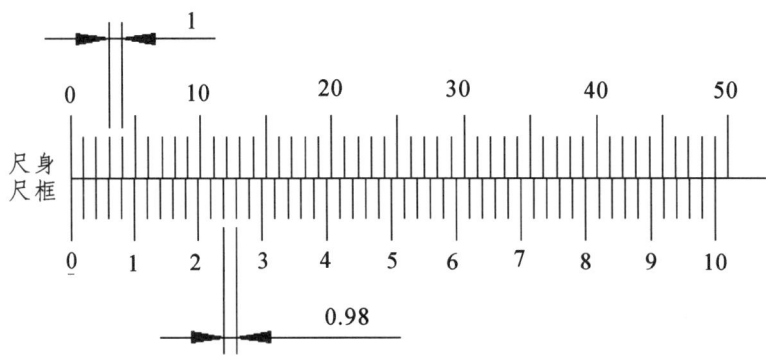

图 6-14 读数值为 0.02 mm 游标卡尺的刻线原理

2. 游标卡尺的读数方法

使用游标卡尺测量时,应先弄清楚游标的读数值和测量范围。首先读出游标零线左面尺身上的整数毫米,再读出游标与尺身对其刻线处的小数毫米数,两者相加即为所测量尺寸。

第一步:读出游标零刻线左边主尺上的毫米整数。

第二步:看游标的第几条刻线与主尺的刻线对齐,将游标上该线的顺序乘以游标读数值(0.02 或 0.05),即得小数部分。也可以根据游标上标出的数字直接读出小数部分。

第三步:将毫米的整数与小数部分相加,即得被测尺寸读数。

举例:试读出图 6-15 所示读数值为 0.02 游标卡尺的测量尺寸。

(1)读整数:游标零线左边尺身上整数值由尺身刻线读得 32 mm。

(2)读小数:游标上的第 11 条刻线与尺身的一条刻线对齐,所以小数是 0.22 mm(0.02 mm × 11 = 0.22 mm)。

(3)求和:32 mm + 0.22 mm = 32.22 mm。

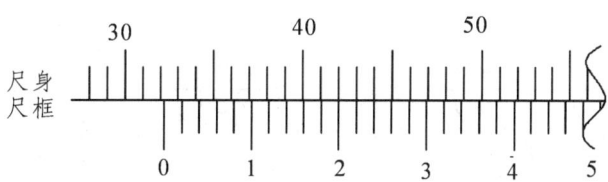

图 6-15 读数值为 0.02 mm 游标卡尺测量数值

【方案应用要点】 游标卡尺的使用与维护

一、游标卡尺的正确使用

游标卡尺的使用方法是否正确,直接影响测量精度,所以必须重视游标卡尺的正确使用。应做到:

(1)正确合理选择游标卡尺的种类和规格。

(2)使用前,用干净棉纱或软布将游标卡尺及其测量面擦干净,然后拉动游框,保证游框在主尺上的滑动应灵活、平稳,不应有时松或卡住现象。

(3)校对零位。检查游标的零刻线和主尺上的零刻线是否对齐,游标的末端刻线是否与主尺上的相应刻线对齐,观察两量爪测量面的间隙。如果不符合要求,应送检修不能使用。

(4)用紧固螺钉固定游框时,游标卡尺的读数不应发生变化。

(5)用游标卡尺测量工件的平端面和圆柱形外尺寸时,测量爪应在被测表面的整个长度上相接触(见图 6-16),卡尺两测量面的连线应垂直于被测量表面,不能歪斜。测量时,可以轻轻摇动卡尺,放正垂直位置。如卡尺带有微动装置,此时可拧紧微动装置上的固定螺钉,再转动调节螺母,使量爪接触零件并读取尺寸。决不可把卡尺的两个量爪调节到接近甚至小于所测尺寸,把卡尺强制地卡到零件上去,这样做会使量爪变形或使测量面过早磨损,使卡尺失去应有的精度。

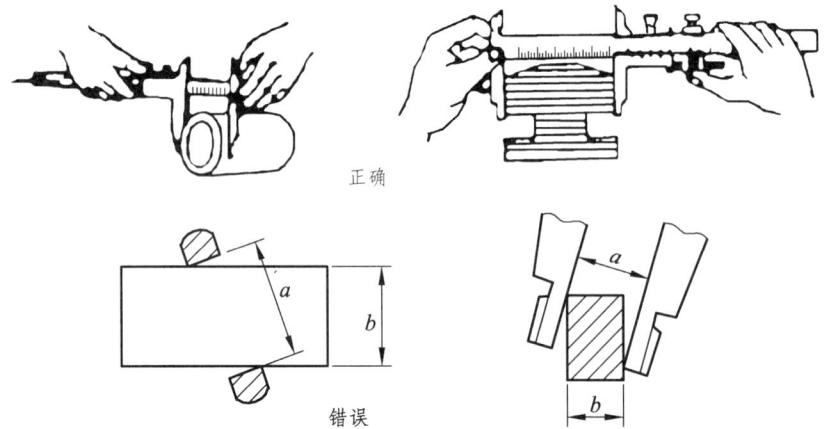

图 6-16 游标卡尺的正确使用方法（一）

（6）测量内孔直径时，卡尺两测量刃应在孔的直径上；测量沟槽宽度时，也要放正游标卡尺的位置，应使卡尺两测量刃的连线垂直于沟槽，不能偏歪（见图 6-17）。

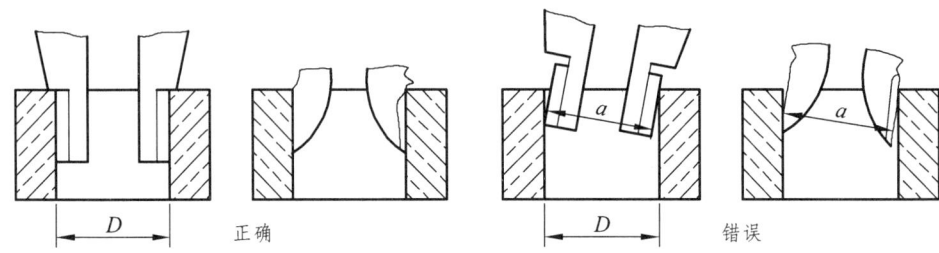

图 6-17 游标卡尺的正确使用方法（二）

二、游标卡尺的使用注意事项

（1）掌握好测力：测量力对于卡尺来说是一个影响准确度的重要因素，测量时要掌握好量爪与工件表面接触时的压力，测量面与工件接触后，量爪应能沿工件表面滑动，但不能有松动、跌落的手感。有微动装置的卡尺应使用微动装置。

（2）读数时应水平放置卡尺，视线应尽可能地垂直于所读的刻线，以减小视差。

（3）减少温度对游标卡尺的影响。

三、游标卡尺的维护和保养

（1）使用前应先将工件表面油垢及灰尘擦净，去掉毛刺，擦净量爪测量面，以保证测量准确度。

（2）禁止把游标卡尺的两个量爪当作扳手或画线工具使用。

（3）不要将卡尺放在强磁场附近，以免受磁力线影响而磁化。

（4）测量完毕，不要猛力抽出卡尺及在工件上拖拉卡尺。不能向卡尺内喷油。

（5）游标卡尺不能用来测量正在运动或炽热的工件。

（6）卡尺使用完毕应将卡尺及测量面擦拭干净（不可用砂布或普通磨料），长期不用应在测量面上涂防锈油，然后放在盒内，游标卡尺应平放，避免造成变形，不要将游标卡尺与其他工具堆放，或在工具箱中随意丢放。

（7）游标卡尺受到损伤后，绝对不允许用手锤、锉刀等工具自行修理，应交专门修理部门修理，经检定合格后才能使用。

【扩展阅读】 其它类型游标卡尺

（1）深度游标卡尺：用于测量零件的孔深、阶梯高度和槽的深度（见图6-18、图6-19）。

（2）高度游标卡尺：用于测量零件的高度和对工件画线，读数原理与游标卡尺相同，如图6-20所示。

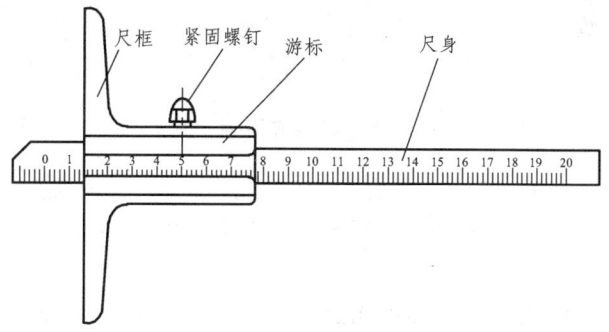

图6-18 深度游标卡尺

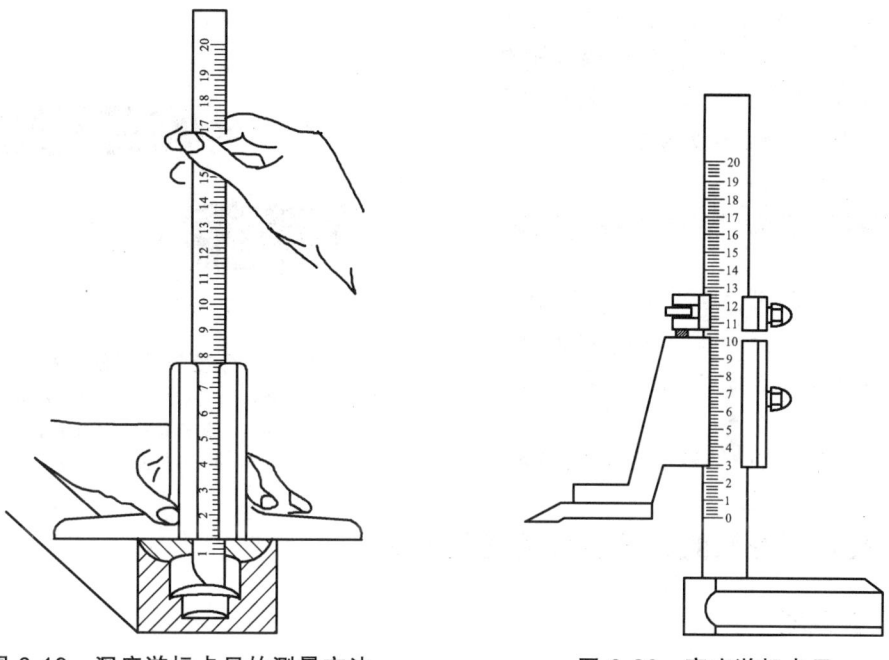

图6-19 深度游标卡尺的测量方法　　　　图6-20 高度游标卡尺

（3）数显式游标卡尺：测量时，数值可直接显示出来。缺点是比普通卡尺造价高，如图6-21所示。

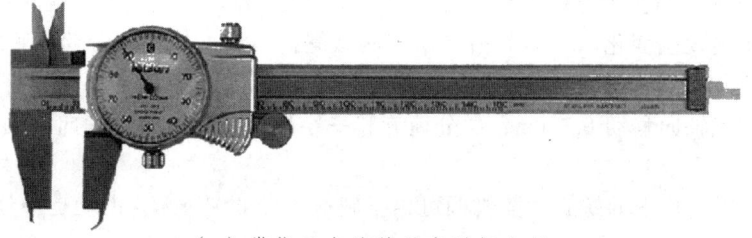

（a）带指示表的数显式游标卡尺

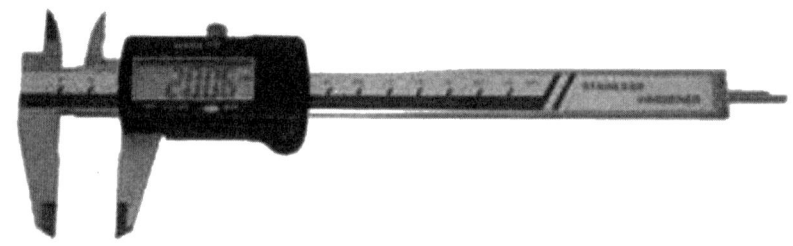

(b)带数字显示装置的数显式游标卡尺

图 6-21　数显式游标卡尺

方案二　使用千分尺进行测量

千分尺又称为螺旋测微器，测量精度比游标卡尺高，并且测量比较灵敏，因此用于测量加工精度要求较高的工件。实际测量中常用的千分尺的分度值为 0.01mm。

千分尺的种类很多，实训室常用的有：外径千分尺、内径千分尺、深度千分尺等，用来测量或检验零件的外径、内径、深度、厚度以及螺纹的中径等。

一、外径千分尺的规格和结构

外径千分尺的测量范围是：0～25 mm、25～50 mm、50～75 mm、75～100 mm、100～125 mm 等。按制造精度等级分为：0 级、1 级。

常用外径千分尺的结构如图 6-22 所示。

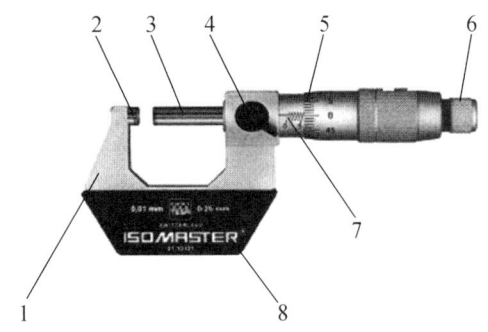

图 6-22　外径千分尺的结构
1—尺架；2—测砧；3—测微螺杆；4—锁紧螺钉；
5—微分筒；6—测力装置；7—固定套筒；
8—隔热装置

二、外径千分尺的读数原理及读数方法

1. 读数原理

测微计量器具是应用螺旋副传动原理，借助测微螺杆与螺纹轴套作为一对精密螺旋偶合件，将角位移变为直线位移进行长度尺寸的测量。

如图 6-22 所示，当测微螺杆 3 旋转时，由于螺旋线的作用，测量螺杆就有轴向移动，使两测砧面之间的距离发生变化。具体数值可从与测微螺杆结成一体的微分筒 5 的圆周刻度上读出。微分筒的圆周上刻有 50 个等分线，当微分筒旋转一圈时，由于测微螺杆的螺距一般为 0.5 mm，因此它就轴向移动 0.5 mm，微分筒旋转一小格时，测微螺杆轴向移动距离为：0.5÷50＝0.01（mm）。

由此可知：千分尺上的螺旋读数机构可以正确地读出 0.01 mm，也就是千分尺的读数值为 0.01 mm。

2. 读数方法

千分尺的读数机构是由固定套筒和微分筒组成的，在固定套管上刻有作为微分筒读数基准线的纵刻线，微分筒锥面的端面作为固定套筒上毫米整数的指示线。在固定套筒中线的两侧刻有两排刻线，刻线间距均为 1 mm，上下两排相互错开 0.5 mm。

千分尺具体读数方法可分为三步：

（1）首先根据微分筒锥边指示位置读出被测尺寸整数值。
（2）根据微分筒周边刻线与固定套筒上的纵刻线对应位置，读出小数值。
（3）将上面两个数相加，即为千分尺上测得的尺寸。

图 6-23 所示为外径千分尺的读数方法示例。

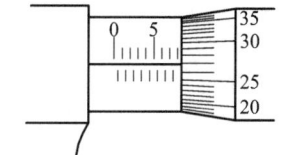 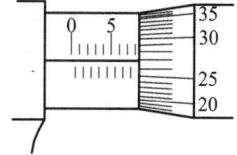

（a）8 mm+27×0.01 mm=0.27 mm　　（b）8+0.5 mm+27×0.01 mm=8.77 mm

图 6-23　外径千分尺的读数方法

【方案应用要点】　千分尺的使用与维护

一、千分尺的合理使用

千分尺使用得是否正确，对保持精密量具的精度和保证测量准确性的影响很大，必须重视量具的正确使用，才能获得正确的测量结果，因此应注意以下几点：

（1）使用前，应把千分尺擦拭干净。查看外观是否正常、移动是否灵活、有无卡滞现象。转动棘轮，使这两个测量面轻轻地接触，并且应没有间隙（漏光），以检查两测量面间的平行度。然后，再检查零位是否对准，如果零位不准，必须送交计量室进行检修和调整。

（2）测量前，应把零件的被测量表面揩干净，以免有脏物存在时影响测量精度。绝对不允许测量带有研磨剂的表面，以免损伤测量面的精度。

（3）测量时，千分尺测量轴的中心线时要与工件被测长度的方向一致，不得歪斜。

（4）测量过程中，可在旋转测力装置的同时，轻轻地晃动尺架，使测砧与零件表面接触良好。当千分尺的测量面将要与工件接触时，应当手握测力装置的转帽来转动测微螺杆，使测砧表面保持标准的测量压力，即听到"咔咔"的声音，表示压力合适，并可开始读数。绝对不允许用力旋转微分筒来增加测量压力，以免由于测力的不稳带来测量误差，如图 6-24 所示。

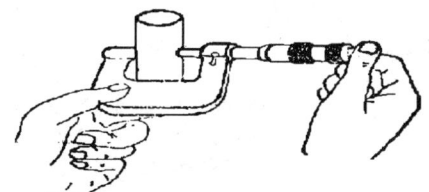

图 6-24　用外径千分尺测量工件

（5）测量工件尺寸时，不允许测量正在旋转的工件，否则易使千分尺的测量面很快磨损甚至使测杆扭曲，而且测得值也往往不准确。

（6）使用千分尺时，要注意温度的影响，手必须握在隔热装置的位置处，以避免手温或其他热源的影响而产生较大的测量误差。

（7）在读数时，要注意固定钢直尺上表示半毫米的刻线是否已经露出。

（8）不能测量带有磁性的工件。

二、千分尺的维护保养

（1）当测量工作完毕之后，应将千分尺擦拭干净，不要放在经常活动的部位，以免将千分尺撞伤或挤坏。

（2）要远离磁场，防止千分尺磁化影响测量精度。

（3）千分尺长期不用时，应用干净的棉布将各个部位擦拭干净，慢慢转动微分筒或测力装置，使千分尺两测量面预留部分间隙，将其放入尺盒中。

（4）不能用千分尺当卡规使用。

（5）定期送计量室由计量人员进行维修和保养。

项目三　如何检验零件的形位误差

【项目描述】

在生产实践中，除了对零件进行常规的检验测量外，还需要检验测量工件表面的形状误差和相互位置，应使用什么量具进行测量呢？

方案　使用百分表测量

百分表是一种指示式精密量具，具有传动比大、结构简单、使用方便等特点。主要用于测量工件表面形状误差和相互位置的一种量具，如轴弯曲度、圆度、平面度、垂直度、跳动等，也常用于校正工件的安装位置和工件的精密找正等。广泛应用于机械制造、安装、检修工作中。常用百分表的分度值为 0.01 mm。

百分表的结构如图 6-25 所示。

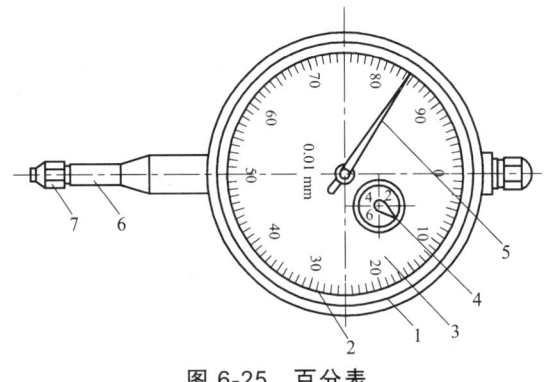

图 6-25　百分表

1—表壳钢直尺；2—分度值钢直尺；3—度盘钢直尺；4—小指针钢直尺；
5—大指针钢直尺；6—测量杆钢直尺；7—测量头钢直尺

项目三　如何检验零件的形位误差

百分表是以杠杆、齿轮和钮簧等机械零件组成传动部件,将测杆的微小直线位移传动放大,转变为指针的角位移,最后由指针在刻度盘上指示出相应的示值。

如图6-25所示,6为测量杆,5为指针,度盘3上刻有100个等分格,大指针每转动一格,相当于测杆移动0.01 mm。当大指针转一圈时,小指针即转动一小格,相当于测杆移动1 mm。用手转动表壳1时,度盘3也跟着转动,可使指针对准度盘上任一刻度。测量杆6是上下移动的。

百分表的读数方法是：
(1)先读小指针转过的刻度数(即毫米整数),
(2)再读大指针转过的刻度数并乘以0.01(即小数部分),
(3)然后两者相加,即得到所测量的数值。

【方案应用要点】　百分表的使用和维护

一、百分表的使用

(1)根据被测工件的要求选择合适的百分表。

(2)使用前须检查百分表,先把表杆推动或拉动两三次,检查指针是否能回到原位,不能复位的表不允许使用。

(3)在测量时,先将表夹持在表架上,表架要稳。若表架不稳,则应将表架用压板固定在机体上。在测量过程中,必须保持表架始终不产生位移。百分表装夹在套筒上后,测杆应能平稳、灵活地移动,无卡住现象,见图6-26。

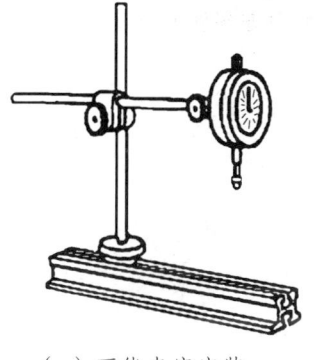
(a)万能表座安装

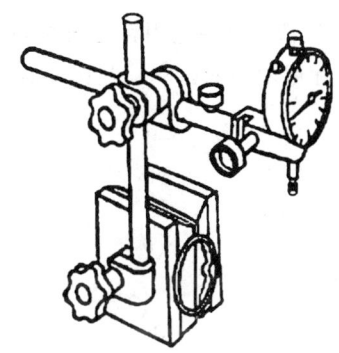
(b)磁性表座安装

图6-26　百分表的安装

(4)测量时,应轻轻提起测杆,把工件移至测头下面,缓慢下降测头与工件接触,不准把工件强迫推入至测头下,也不得急剧下降测头。测量杆接触测点,应使测量杆压入表内一小段行程(0.3~1 mm的压缩量),以保证测量杆的测头始终与测点接触。

(5)测量平面时,测杆要与被测表面垂直,测量圆柱工件时,测杆的中心线要垂直地通过工件的轴心线,否则将产生测量定位误差,见图6-27。

(6)不得用百分表和千分表测量毛坯或有显著凹凸不平的工件,以免损伤测头。

(7)在测量中应注意长针的旋转方向和短针走动的格数。

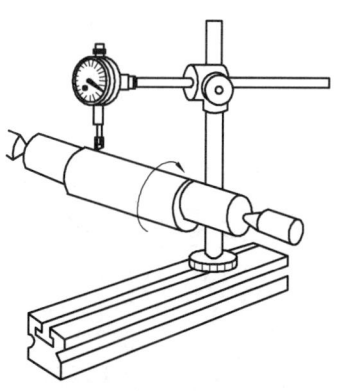

图6-27　百分表的使用

二、百分表的维护

（1）百分表和千分表要轻拿轻放，不要过多来回拨动测头，以防机件磨损，不要使测头跌落，以免产生瞬间冲击力。

（2）不要使表受到剧烈振动，不得敲打表的任何部位。

（3）避免任意拆卸表的后盖，防止灰尘或潮气浸入表内。禁止水、油或其它液体浸入表内。

（4）用完后要把表擦净放回盒内，除非长期保管，不得在测杆上涂凡士林或机油，否则会使测杆和套筒黏结，造成活动不灵活。

（5）百分表或千分表不用时应让测量杆放松，使表处于自由状态，避免其内部机件受外力作用，以保持表的精度。

（6）百分表和千分表应放在干燥无腐蚀性气体的环境中保存。要严格按周期进行检定。

【课后任务】

1. 根据所学知识，熟练运用上述工具进行检验测量，并说明这些误差对实际运用中的影响，写出实验报告。

2. 根据所学知识，熟练运用上述工具对机车零件进行测量，并说明这些误差对实际运用中的影响，写出实验报告。

3. 根据所学知识，熟练运用百分表检验轴类、平面等零件的形状误差和相互位置等，并说明这些误差对实际运用中的影响，写出实验报告。

模块七　机车部件的机械加工

项目一　轴是如何加工出来的？

【项目描述】

轴类部件不论是转轴、心轴还是传动轴，除了一些特殊用途的轴（如凸轮轴），它们的横截面基本都是圆形的。根据应用要求，多数轴类部件的圆形横截面的直径在轴线上是不断变化的。那么，轴类部件是如何加工出来的呢？

方案一　使用车床加工

使用车床加工零部件，称为车削。车削加工是机械加工中最基本、最常用的加工方法，是在车床上用车刀对零件进行切削加工的过程。加工时，将零部件卡装在主轴上的卡盘上，主轴带动零件做旋转运动（主运动），刀具相对主轴轴线进行轴向和径向移动（进给运动），完成对零部件的切削加工。车削既可以加工金属材料，也可以加工塑料、橡胶、木材等非金属材料。

车削加工要在车床上进行，车床在机械加工设备中占总数的50%以上，是金属切削机床中数量最多的一种，适于加工各种回转体表面，在现代机械加工中占有重要的地位。车床包括卧式车床、立式车床、转塔车床、仿形车床、自动车床、数控车床等，以满足不同尺寸、形状零件的加工及提高劳动生产率，其中卧式车床应用最广。

机床均用汉语拼音字母和数字按一定规律组合进行编号，以表示机床的类型和主要规格。常用的车床型号有C6132、C6136，在C6132车床编号中，C是"车"字汉语拼音的首字母，读作"车"；6和1分别为机床的组别和系列代号，表示卧式车床；32为主参数代号，表示最大车削直径的1/10，即最大车削直径为320 mm。卧式车床有各种型号，其结构大致相似。图7-1所示为C6132型卧式车床外形。

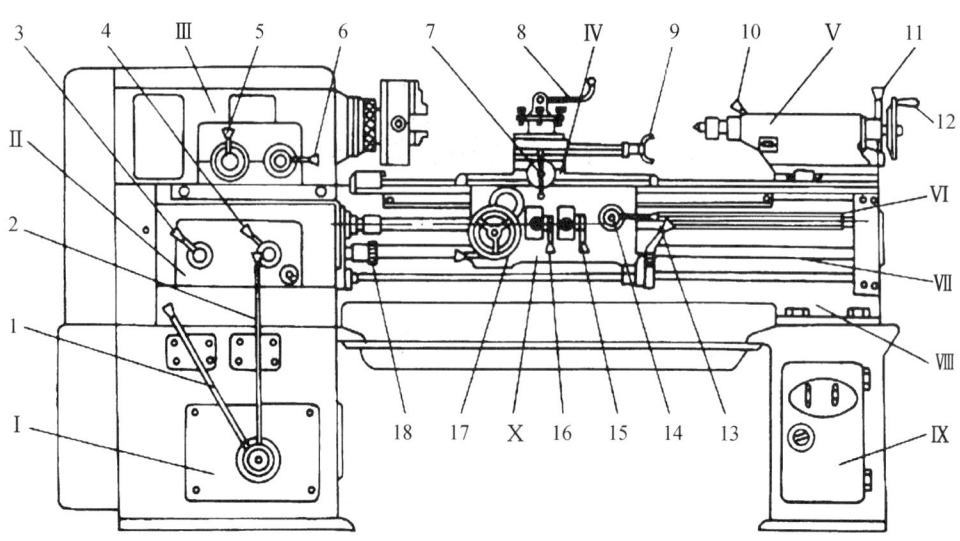

图 7-1 卧式车床

Ⅰ—变速箱；Ⅱ—进给箱；Ⅲ—主轴箱；Ⅳ—刀架；Ⅴ—尾座；Ⅵ—丝杠；
Ⅶ—光杠；Ⅷ—床身；Ⅸ—床腿；Ⅹ—溜板箱
1、2、6—主运动变速手柄；3、4—进给运动变速手柄；5—刀架纵向移动变速手柄；7—刀架横向运动手柄；
8—方刀架锁紧手柄；9—小滑板移动手柄；10—尾座套筒锁紧手柄；11—尾座锁紧手柄；
12—尾座套筒移动手轮；13—主轴正反转及停止手柄；14—开合螺母开合手柄；
15—横向进给自动手柄；16—纵向进给自动手柄；17—纵向进给手动手柄；
18—光杠、丝杠更换使用的离合器

【扩展阅读】

切削加工分为机械加工和钳工两类。机械加工主要是工人操作机床对零件进行切削加工。加工时零件和刀具分别夹持在机床的相应装置上，靠机床提供的动力和其内部传动关系，由刀具对零件进行切削加工。其主要加工方式有车削、铣削、刨削、磨削、镗削等，使用的机床分别称为车床、铣床、刨床、磨床、镗床等。由于机械加工劳动强度低，自动化程度高，加工质量好，所以已成为切削加工的主要方式。

一、切削运动

机器零件大部分由一些简单几何表面组成，如各种平面、回转面、沟槽等。机床对这些表面进行切削加工时，刀具与零件之间需有特定的相对运动，这种相对运动称为切削运动。根据在切削过程中所起的作用不同，切削运动可分为主运动和进给运动两种。

1. 主运动

主运动是能够提供切削加工可能性的运动。没有这个主运动，就无法对零件进行切削加工。在切削过程中主运动速度最高，消耗机床的动力最多。如图 7-2 所示，车削中的零件的旋转运动和钻削中的钻头的旋转运动、刨削中牛头刨床上刨刀的往复直线移动、铣削中铣刀的旋转运动等都是主运动。

项目一 轴是如何加工出来的？

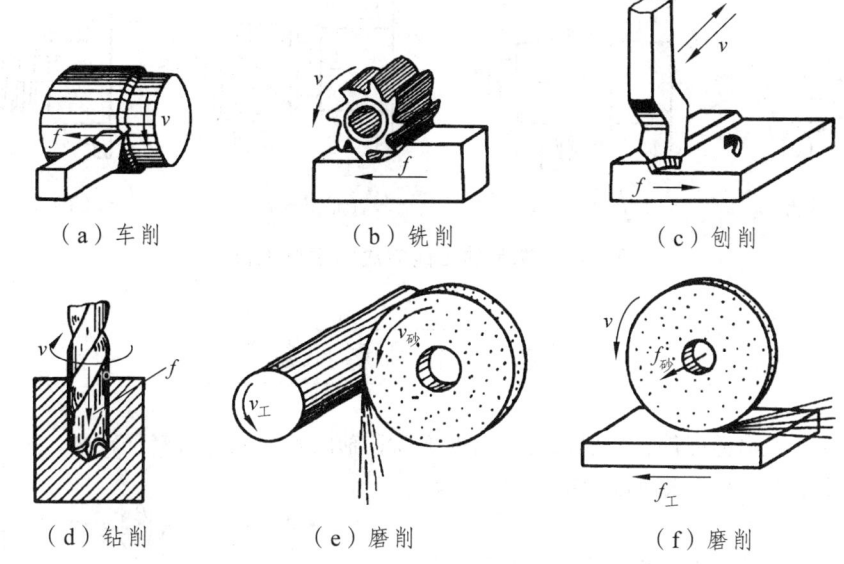

（a）车削　（b）铣削　（c）刨削

（d）钻削　（e）磨削　（f）磨削

图 7-2　切削运动

2. 进给运动

在切削加工中，进给运动是指能够提供连续切削可能性的运动。没有这个运动就不可能加工成完整零件的形面。切削加工过程中进给运动速度相对低，消耗的动力相对少。例如，车削中车刀的纵、横向移动，钻削中钻头的轴线移动，刨削和铣削中零件的横、纵向移动等。切削运动中主运动一般只有一个，而进给运动可能有一个或几个。例如，外圆磨削中零件的旋转运动和零件的轴向移动都是进给运动。

二、车削加工能完成的工作

车削加工既适合于单件小批量零件的加工生产，又适合于大批量的零件加工生产。车削加工所能完成的工作如图 7-3 所示。

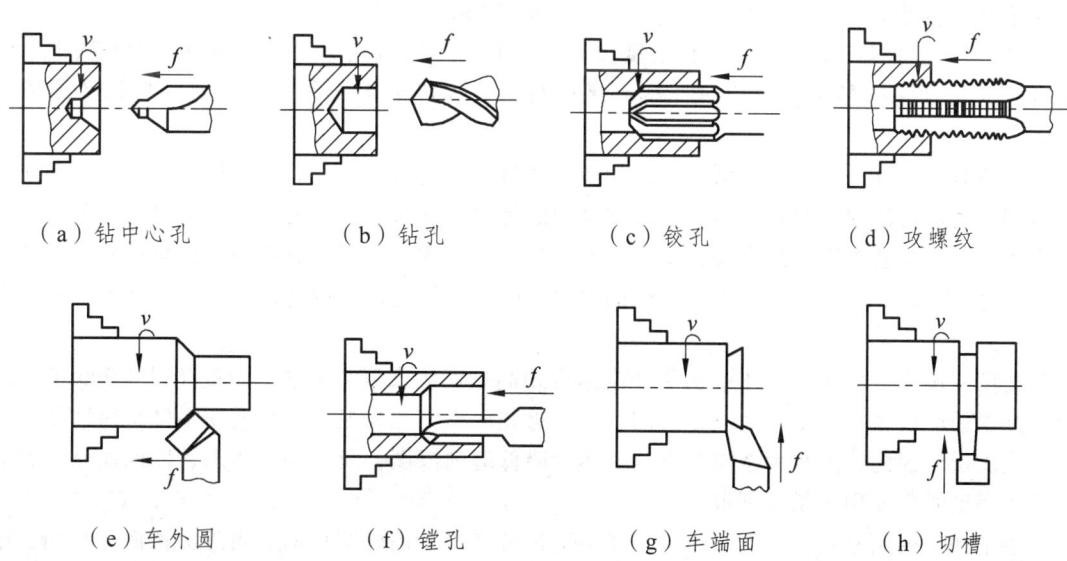

（a）钻中心孔　（b）钻孔　（c）铰孔　（d）攻螺纹

（e）车外圆　（f）镗孔　（g）车端面　（h）切槽

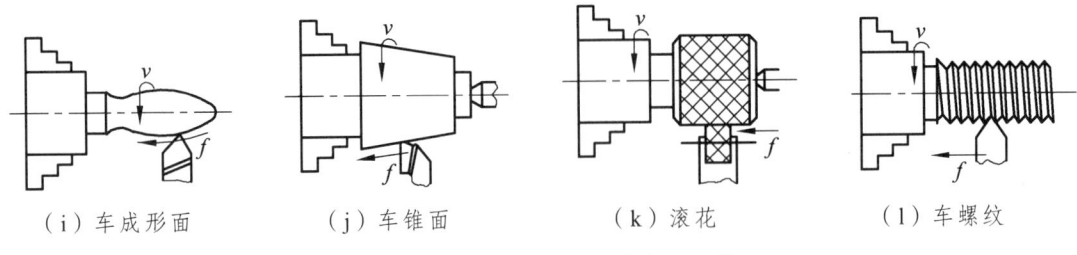

(i) 车成形面　　(j) 车锥面　　(k) 滚花　　(l) 车螺纹

图 7-3　车削加工能完成的主要工作

方案二　使用磨床加工

使用车床加工轴类部件，一般情况下精度不高，轴的外圆表面粗糙度较高，不适合做精细加工。如果要对轴的外圆表面进行精细加工，要使用磨床。

使用磨床进行精细加工称为磨削，磨削是机械零件精密加工的主要方法之一。

磨削属多刃、微刃切削，磨削用的砂轮是由许多细小坚硬的磨粒用结合剂黏结在一起经焙烧而成的疏松多孔体，如图 7-4 所示。这些锋利的磨粒就像铣刀的切削刃，在砂轮高速旋转的条件下，切入零件表面，故磨削是一种多刃、微刃切削过程。

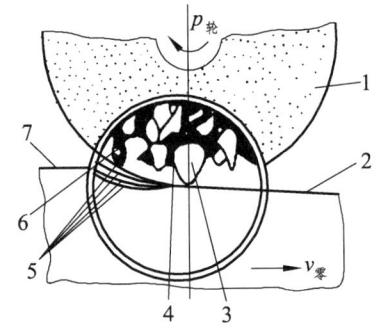

图 7-4　砂轮的组成
1—砂轮；2—已加工表面；3—磨粒；4—结合剂；
5—加工表面；6—空隙；7—待加工表面

磨削加工尺寸精度高，表面粗糙度值低。磨削的切削厚度极薄，每个磨粒的切削厚度可小到微米，故磨削的尺寸精度可达 IT6～IT5，表面粗糙度 R_a 值达 0.8 μm～0.1 μm。高精度磨削时，尺寸精度可超过 IT5，表面粗糙度 R_a 值不大于 0.012 μm。

磨削加工材料广泛。由于磨料硬度极高，故磨削不仅可加工一般金属材料，如碳钢、铸铁等，还可加工一般刀具难以加工的高硬度材料，如淬火钢、各种切削刀具材料及硬质合金等。

砂轮有自锐性。当作用在磨粒上的切削力超过磨粒的极限强度时，磨粒就会破碎，形成新的锋利棱角进行磨削；当此切削力超过结合剂的黏结强度时，钝化的磨粒就会自行脱落，使砂轮表面露出一层新鲜锋利的磨粒，从而使磨削加工能够继续进行。砂轮的这种自行推陈出新、保持自身锋利的性能称为自锐性。砂轮的自锐性可使砂轮能连续进行加工，这是其他刀具没有的特性。

磨削温度高。磨削过程中，由于切削速度很高，产生大量切削热，温度超过 1 000 ℃。同时，高温的磨屑在空气中发生氧化作用，产生火花。在如此高温下，将会使零件材料性能改变而影响质量。因此，为减少摩擦和迅速散热，降低磨削温度，及时冲走屑末，以保证零件表面质量，磨削时需使用大量切削液。

磨削加工的用途很广，可用不同类型的磨床分别加工内外圆柱面、内外圆锥面、平面、成形表面（如花键、齿轮、螺纹等）及刃磨各种刀具等。磨削加工使用的机床为磨床，磨床种类很多，常用的有外圆磨床、内圆磨床、平面磨床等。图 7-5 所示为万能外圆磨床外形。

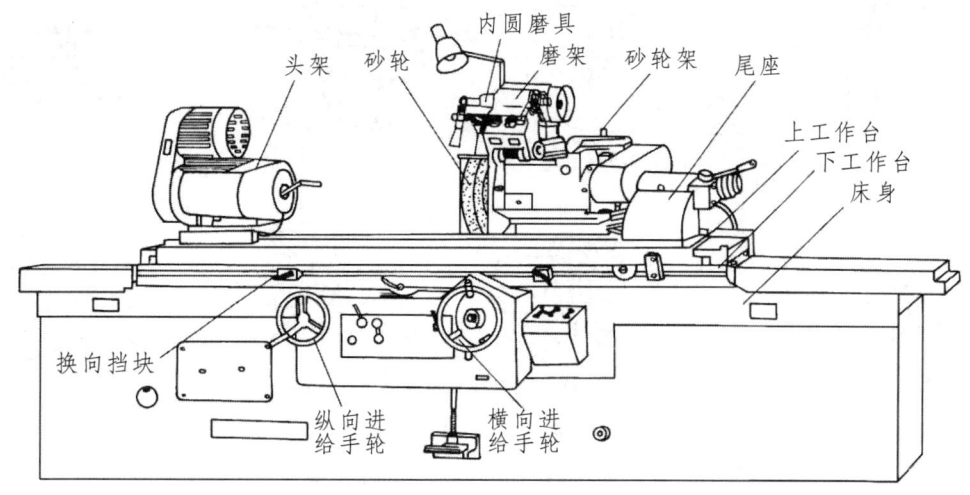

图 7-5　万能外圆磨床

项目二　轴上的键槽是如何加工出来的？

【项目描述】

轴类部件通常要带动其它部件运动，如齿轮、皮带轮等。这些部件安装在轴上，通常使用键进行联接。那么轴上的键槽是如何加工出来的呢？

方案　使用铣床进行加工

使用铣床加工零部件，称为铣削。铣削加工是在铣床上利用铣刀的旋转（主运动）和零件的移动（进给运动）对零件进行切削加工的工艺过程，是一种生产率较高的平面、沟槽和成形面的加工方法。

铣削加工是机械制造业中重要的加工方法。铣削的加工范围广泛，可加工各种平面、沟槽和成形面，还可进行切断、分度、钻孔、铰孔、镗孔等工作。如图 7-6（h）所示，使用键槽铣刀在轴上加工键槽。

 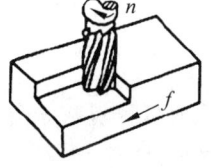  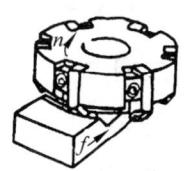

（a）圆柱铣刀铣平面　　（b）立铣刀铣台阶面　　（c）套式端面铣刀铣平面　　（d）端铣刀铣大平面

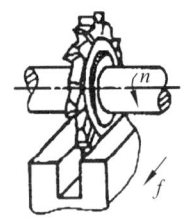 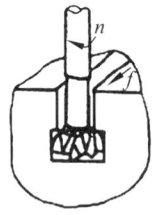 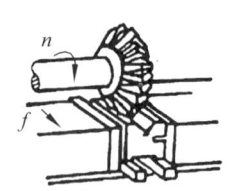 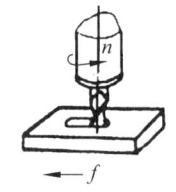

（e）三面刃铣刀铣直槽　　（f）T形铣刀铣T形槽　　（g）角度铣刀铣V形槽　　（h）键槽铣刀铣键槽

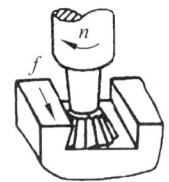 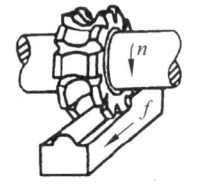  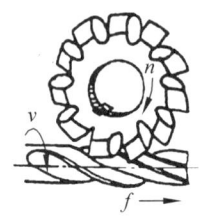

（i）燕尾槽铣刀铣燕尾槽　　（j）成形铣刀铣凸圆弧　　（k）齿轮铣刀铣齿轮　　（l）螺旋槽铣刀铣螺旋槽

图 7-6　铣削加工的主要应用范围

在切削加工中，铣床的工作量仅次于车床，铣床可分为卧式铣床、立式铣床和龙门铣床三大类。在每一大类中，还可以细分为不同的专用变型铣床，如圆弧铣床、端面铣床、工具铣床、仿形铣床等。图 7-7 所示为卧式铣床外形，图 7-8 所示为立式铣床外形。

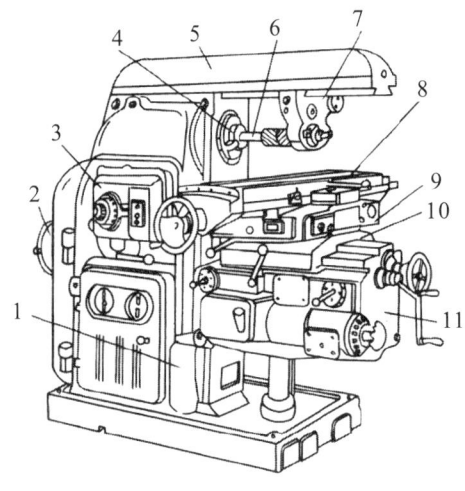 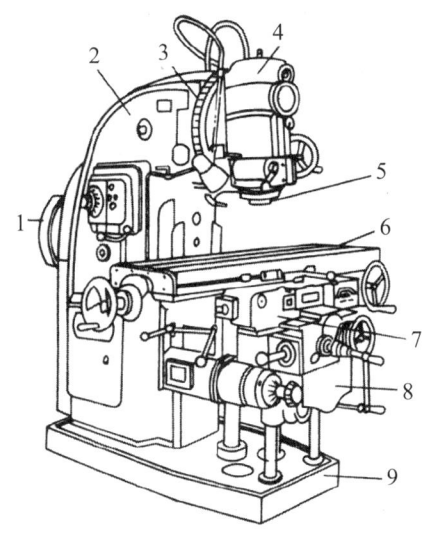

图 7-7　X6132 卧式万能升降台铣床示意图

1—床身；2—电动机；3—主轴变速机构；4—主轴；
5—横梁；6—刀杆；7—吊架；8—纵向工作台；
9—转台；10—横向工作台；11—升降台

图 7-8　X5032 立式铣床示意图

1—电动机；2—床身；3—主轴头架旋转刻度；
4—主轴头架；5—主轴；6—纵向工作台；
7—横向工作台；8—升降台；9—底座

【扩展阅读】

除了车削、铣削、磨削，刨削也是一种常见的机械切削方式。刨削在单件、小批生产和修配工作中得到广泛应用。刨削主要用于加工各种平面（水平面、垂直面和斜面）、各种沟槽（直槽、T 形槽、燕尾槽等）和成形面等，如图 7-9 所示。

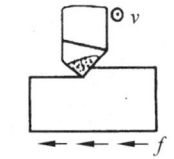 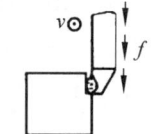  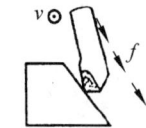

（a）平面刨刀刨平面　　（b）偏刀刨垂直面　　（c）角度偏刀刨燕尾槽　　（d）偏刀刨斜面

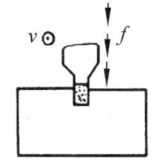 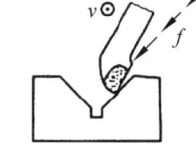 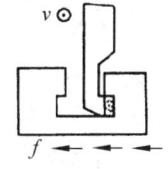 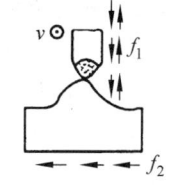

（e）切刀切断　　（f）偏刀刨V形槽　　（g）弯切刀刨T形槽　　（h）成形刨刀刨成形面

图 7-9　刨削加工的主要应用

刨床主要有牛头刨床和龙门刨床，常用的是牛头刨床。牛头刨床最大的刨削长度一般不超过 1 000 mm，适合于加工中小型零件。龙门刨床由于其刚性好，而且有 2~4 个刀架可同时工作，因此，它主要用于加工大型零件或同时加工多个中、小型零件，其加工精度和生产率均比牛头刨床高。

在牛头刨床上加工时，刨刀的纵向往复直线运动为主运动，零件随工作台做横向间歇进给运动，如图 7-10 所示。

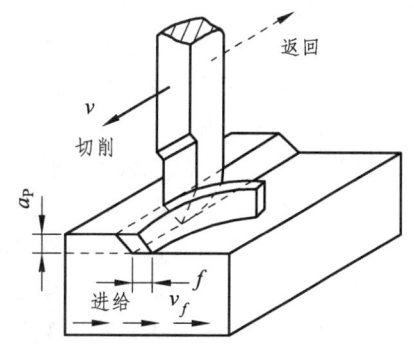

图 7-10　牛头刨床刨削运动

刨削加工生产率一般较低 刨削是不连续的切削过程，刀具切入、切出时切削力有突变，将引起冲击和振动，限制了刨削速度的提高。此外，单刃刨刀实际参加切削的长度有限，一个表面往往要经过多次行程才能加工出来，刨刀返回行程时不进行工作。由于以上原因，刨削生产率一般低于铣削，但对于狭长表面（如导轨面）的加工以及在龙门刨床上进行多刀、多件加工，其生产率可能高于铣削。图 7-11 所示为牛头刨床外形。

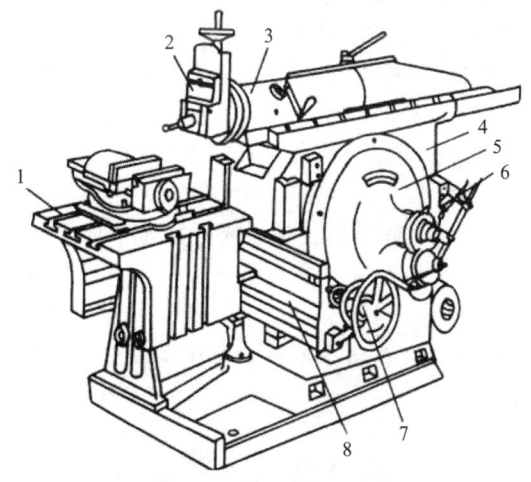

图 7-11　牛头刨床外形图

1—工作台；2—刀架；3—滑枕；4—床身；5—摆杆机构；6—变速机构；7—进给机构；8—横梁

刨削加工通用性好、适应性强刨床结构较车床、铣床等简单，调整和操作方便。刨刀形状简单，和车刀相似，制造、刃磨和安装都较方便。刨削时一般不需加切削液。

【案例导读】

案例一 1998 年 8 月，某机务段车工王某在进行车削作业时，铁屑飞入左眼，造成眼外伤，治愈后视力只有 0.8。事故主要责任者就是王某本人，因为其没有遵守劳动安全守则，作业时没有佩戴护目镜，最终酿成了终生遗憾。

案例二 1987 年 7 月，某工厂女职工在机械加工职场与人聊天。期间发生打闹，导致其头发卷入正在旋转的机床内，幸亏操作工人及时停机，才避免发生生命危险。但其头发被卷掉多处，形成了严重的人身伤害，本人也成为事故的主要责任人。

【扩展阅读】 机械加工一般安全守则

（1）工作前必须按规定穿戴好劳动保护用品，戴好护目镜，长头发的工作人员（发长过耳根部）必须把发罩入工作帽内，不准戴围巾、手套工作。

（2）机床设备照明、辅助照明一律使用小于 36 V 的安全电压。

（3）机床使用过程中，操作人员不准擅自离开工作岗位；因故离开工作岗位或中途停电，必须停车，切断电源。

（4）除安装、拆除、搬运工件外，一律不准戴手套操作。

（5）原材料、半成品、成品摆放要稳固，对容易滚动的工件要垫稳，地面油污要及时清除。

（6）机床围边 1 米内不准随意堆放工件、杂物，必须留有一条 1.5 米以上的出入通道。

（7）在装拆工件、机床附件等时，必须根据物件的重量及形状，选用安全的吊具和吊装方法，并对机床采取适当的防护（如加垫板防碰撞等）。

（8）机床开启前，必须检查安全防护装置（挡板、限位开关等），确认齐全、可靠。按设备润滑图表规定注油；检查各油压、油位，确认符合使用要求。

（9）低速试运转 3 分钟。确认油路畅顺，润滑良好，制动有效。

（10）机床切削前，必须把工件夹牢，并必须根据工件材质、形状、切削特性等因素合理选用转速和进刀量，不准在车床或花盘上重力锤打工件。

（11）操作过程中遇有异响、异味和刀具损坏时，必须马上停机检查，及时处理。

（12）机床运转时不准反向制动刹车，不准用手触摸刀具、机床转动部分和正在加工的工件，不准测量、检查工件，不准变速和调整机床，不准用手直接清除切屑，不准盲目加大切削量或超荷操作。

（13）清除切屑时，不准用手直接清理或用嘴吹，应在停机后用专用工具清除。

（14）机床启动后，不准在床头箱顶、牙箱面、刀架、导轨面等处放置物品，不准隔着转运的工件传递物件。

（15）工作结束要切断电源，把各种开关和手柄放在非工作位置。对机械进行例行保养，清理现场。妥善保管好图纸。

参考文献

[1] 段维峰,翟德梅. 金工实训教程[M]. 北京:机械工业出版社,2012.
[2] 机械工业职业技能鉴定指导中心. 机械基础[M]. 北京:机械工业出版社,1999.
[3] 郭永环,姜银方. 金工实习[M]. 北京:中国林业出版社,2006.
[4] 祖国庆,马春英. 机械基础[M]. 北京:中国铁道出版社,2000.
[5] 李晓村. 内燃机车柴油机[M]. 北京:中国铁道出版社,2010.
[6] 于平安,周文娟. 对几种机车柴油机活塞组《公差与配合》标准选用的分析[J]. 柴油机,1988 (3):26-31.